WORKER'S ECONOMICS

工人经济学

对劳动力价值的新发现

A New Discovery of Labor Value

叶迎——著

中国工人出版社

目　录

第一章

工人经济学的基本构架

工人经济学（Worker Economics）又称劳动者经济学（Labor Economics），与传统的劳动经济学（Labor Economics）共享同一个词组。在学科分类中，它被归入广义的劳动经济学之中，可以说是劳动经济学的一个分支或者一种形态。有所不同的是，传统的、占主流地位劳动经济学大都隐含或者公开从资本、资本所有者、企业家的视角出发，把劳动、劳动者设定为一个简单的生产和市场要素（劳动力），准确地说，这样的劳动经济学，其实应该叫作劳动力市场经济学（Labor market economics）。而工人经济学则明确地从工人的视角出发，在价值取向、理论预设、思想资源、研究方法、逻辑构架、基本观点等方面，与主流的劳动经济学有诸多不同。它试图建立的是一门属于劳动者（劳有）、依靠劳动者（劳治）、为了劳动者（劳享）的经济学（Economics of the labor，by the labor and for the labor）。

一、理论价值和社会意义

改革开放40年来，我国经济学大体上经历了从马克思主义经济学一枝独秀到西方主流经济学占优势地位的历史演变过程，这同时也是劳动价值论、劳动价值论在经济学中的神圣地位被要素价值论所取代、劳动在经济学中的主导地位被资本所取代的过程。在各门理论经济学和应用经济学中，资本视角、所有者经营者视角、企业家视角大大地被强化了，而劳动视角、劳动者视角、工人视角相应地被弱化或虚化了，劳动者在经济学中基本上处于“失语”状态。劳动经济学的情况也是如此：总的来说，新古典学派劳动经济学占主导地位，而制度学派劳动经济学则鲜为人知；劳动经济学被当成一门研究劳动力资源配置和劳动力市场运行规律的应用经济学，像其他经济学科一样，存在着强化企业家视角弱化劳动者视角、见物不见人的现象；劳动只是被当作客观的生产要素，当作物化的、量化的“劳动力”“生产手段”“经营成本”，而不是同时被当作劳动者和人本身，当作活生生的社会历史主体。国内数十种教材，大都是按照“劳动力需求—劳动力供给—劳动力供需关系—劳动时间—人力资本—工资和收入—就业和失业”这个新古典核心模型编写的，有一些也编进了工会、集体谈判、劳动关系的内容，但它们只是外生的经济变量，还没有作为内在的经济变量，有机地融入新古典模型。

我国经济学和劳动经济学学科建设的这种状况，并非出于偶然或学者的主观喜恶，而是在很大程度上符合了改革开放以来中国经济发展的趋势，一方面符合了正处于上升时期的资本要素、所有者经营者权益和企业家才能蓬勃发展以及社会主义市场经济的客观需要；另一方面也反映了劳动要素、劳动者权益和劳动者地位的下降趋势。这种发展趋势带来的好处是，经济总量迅速增长，GDP已经雄踞世界第二；弊端在于，劳资力量失衡，贫富分化加重。据相关统计数据，改革开放以来，劳动收入占国民收入的比重，从1995年以来逐年下降，目前我国的劳动收入占国民收入的比重降到40%以下①，发达国家的劳动收入占国民收入的比重在65%—75%；我国基尼系数则一直处于较高水平，1978年为0.317，国家统计局公布基尼系数2012年为0.474，2013年为0.473，2014年为0.469，2015年为0.462，2016年为0.465。中国社科院的一份报告称，2006年中国的基尼系数已经达到了0.496，西南财经大学中国家庭金融调研中心发布统计报告称，2010年中国家庭的基尼系数为0.61②。相比之下，全球基尼系数平均水平为0.44，一般发达国家在0.24到0.36之间，美国偏高，为0.45。

这种情况引起了党和国家的高度重视，党的十六大报告提出：规范分配秩序，合理调节少数垄断性行业的过高收入，取

① 2010年12月17日，《经济观察报》报道：根据省际收入法GDP构成数据，我国劳动者报酬占GDP的比重2000年为51.4%，2007年为39.74%，下降了11.66个百分点

② 西南财大再发报告：中国基尼系数0.61高于世界平均水平．中国经济网，2012.12.10

缔非法收入。以共同富裕为目标，扩大中等收入者比重，提高低收入者收入水平。党的十七大报告进一步提出：逐步提高居民收入在国民收入分配中的比重，提高劳动报酬在初次分配中的比重，创造条件让更多的群众拥有财产性收入。党的十八大报告指出，初次分配和再分配都要兼顾效率和公平，再分配更加注重公平。党的十九大报告指出，在劳动生产率提高的同时实现劳动报酬同步提高。但是，我国的经济学尚未对其提供充分的理论论证，进一步说，是我国经济学囿于资本视角的局限性，不能从劳动者视角出发，不能从工人经济学视角出发，提供“提高低收入者收入、扩大中等收入者比重、提高劳动报酬在初次分配中的比重、创造条件让更多的群众拥有财产性收入”的经济改革方案和制度设计。横亘在分配体制改革之路上的一个思想观念障碍是，大多数企业家、经济学家会搬出自由市场竞争模型，谁投资谁所有、谁投资谁得益，收入分配由市场决定不得人为干扰，土地得到地租、劳动得到工资、资本得到利润，一切利润归企业家等古典经济学、新古典经济学、新自由主义经济学的教条，拒绝提高劳动在初次分配中的比例。思想问题只能以思想方式来解决，资本、所有者和企业家的经济学只能以劳动、劳动者、工人的经济学相抗衡，如果没有人为有利于劳动者的经济体制和分配体制改革提供强有力的经济学理据和学术支持，并力争得到社会公众和政府乃至企业家阶层本身的认同的话，这种改革就无法启动和进行下去，最多只能由政府强制实施。历史经验表明，强制或者剥夺性的改革是难以持久的，也将损害市场经济健康而长远的发展。

应该说，作为职工合法权益法定的代表者和维护者的中国工会，也在努力贯彻执行党和国家提出的提高劳动收入在国民收入中的比重的路线和方针，但是其效果却不易被看到。究其原因，主要是工会所提出的意见基本上是政治和意识形态层面的，尽管有“全心全意依靠工人阶级”“工人阶级是社会主义建设的主力军”等思想的指导，但缺乏一种不同于古典经济学、新古典经济学、新自由主义经济学的工人经济学理论，为工会的政策主张和政策建议提供强有力的经济学学理和学术支撑。简言之，缺乏了理论支撑，政治和意识形态的话语虽然响亮，但其实是“软”的。不仅不能在经济学层面与所有者企业家阶层相抗衡，即使在政治意识形态层面也未必占优势，因为后者完全可以声称自己是先进生产力和先进文化发展方向的代表，并且发展经济从长远来讲也是符合包括劳动者在内的全国人民的共同利益、长远利益和根本利益的。再者，在社会主义市场经济条件下，党和国家是全国人民利益的代表者，应该成为劳资双方、各阶层之间公正的协调者和仲裁者。在这种情况下，各阶级阶层就要尽其所能地提出有充分学理依据和学术支持的政策主张，加入国家层面的政治博弈，最终体现为国家的法律和制度构架，这既是各阶级阶层的权利，也是它们不可推卸的责任。工人阶级和工会有权利和责任提出自己的经济学，充分论证自己在社会主义市场经济体系中的地位、作用、贡献，对自己在现行生产关系、劳资关系、分配关系中遭受的不公平待遇，提出有理有据的、经济学上站得住的定性研究和定量分析，提出在经济学上有充分依据的改革方案和政策主张。应该说，目前我国工人阶级和工会还缺乏自己的经济学理论和经济学家，这不仅体现在各级工会的层面上，也体现在企业和行业层面上，致使工人阶级和工会在与所有者企业家阶层以及企业家组织进行企业、行业、地区、全国各个层级的博弈时，在智力资源方面、知识储备方面、学术争论层面明显处于弱势。

可以说，中国经济和社会发展遭遇到了严重的瓶颈制约，已经把对现行人文社会科学进行结构性改造提上议事日程了，那就是要将权力话语和资本话语占压倒性优势的人文社会科学，改变为权力话语、资本话语、劳动话语三者之间处于结构性平衡状态的人文社会科学。这就是说，不仅要建立和发展本书所提倡的具有劳动者视角和价值取向的工人经济学，同时还要建立和发展具有劳动者视角和价值取向的劳动政治学、劳动社会学、劳动法学、劳动伦理学、劳动美学、劳动文学、劳动艺术、劳动哲学……总之，要建立和发展一个目前还相当匮乏的、能够与“权力文化”和“资本文化”互相制衡的“劳动（劳动者）文化”体系，培育和发展当代中国工人的阶级意识和社会意识，使工人阶级作为精神、思想、文化上独立自主的社会历史主体，更为深入地参与社会主义市场经济和民主政治的建设。

建立和发展工人经济学，要分两步走：引进来和走出去。所谓引进来，就是把已经相当发达的各国各派经济学理论引入劳动问题领域，运用经济学的范式、概念和方法，深入观察和分析中国的劳动关系和工人的经济生活现状，搞清楚中国工人在现行经济体制中的真实地位和状况；所谓走出去，就是要在充分吸收消化各种经济学资源的基础上，根据中国工人已经达到的历史高度、人力资源状况、在中国经济中的地位和作用、生存和发展需求、权利意识等，提出中国工人自己的经济学理论和经济体制改革方案。

工人经济学的创立和发展，具有重要的理论和学术价值。针对我国经济学（包括劳动经济学）相对缺乏劳动者视角，而我国劳动者研究、劳动关系研究相对缺乏经济学视角的情况，工人经济学不仅有利于打通劳动经济学内部新古典主义流派和制度主义流派之间的区隔，而且有利于打通整个经济学内部偏于资本视角和偏于劳动视角两类经济学之间的区隔，还有利于打通经济学与劳动科学、劳动经济学与劳动关系学等相邻学科之间的区隔，从而实现经济学中企业家视角与劳动者视角、资本权益与劳动权益之间的平衡，实现范式创新，推动我国经济学（包括劳动经济学）进入更高的发展阶段。

工人经济学又具有很强的现实性、针对性、紧迫性和时效性，那就是在整个经济学领域特别是在劳动经济学领域，为处于沉默和失语状态的劳动者争取话语权。人们当然可以从政治学、社会学、法学等角度出发，维护和争取劳动者权益，但总不如从经济学，尤其是工人经济学出发来得直接和有力：如果能够从工人经济学的角度证明劳动对于整个生产经营的重大贡献而同时又缺乏剩余索取权，那就为劳资之间的集体协商和集体谈判、为劳动者及其工会参与国家劳动立法和劳动政策的制定等提供了坚实的经济学理据，这对于实现初次分配公平，从源头缩小贫富两极分化，具有不可估量的价值。目前，劳动者及其工会所掌握的经济学知识和经济学工具太少了，在与资本、政府、社会各方的博弈中显得理亏气短。如果能够以劳动者视角重构经济学和劳动经济学，也就意味着作为中国经济和就业第一主体的数亿劳动者，在经济学中拥有了自己的理论思想和学术资源。

二、学科定位和基本构架

（一）工人经济学的研究对象

工人经济学的研究对象大体上可以界定为：

第一，对劳动价值、劳动产权、劳动管理、收入分配、工人结社与集体谈判、劳动时间、劳动安全卫生、人力资本、团结经济与合作经济、贫困与弱势群体经济、劳动保障和福利等劳动经济现象，进行系统的研究和梳理，揭示诸种工人经济现象之间的相互关系和演化发展趋势。

第二，分析劳动在各种生产要素中、劳动者在各种市场主体中的弱势和优势，从劳动者权利和利益角度出发，建立劳动与资本等生产要素之间自由、平等和公正的关系，提出劳动者的发展目标和发展战略。

第三，从劳动者视角出发，对整个经济学和经济制度的发展，提出不同于从权力、资本等其他视角提出的构想，推动人类经济生活达到自由与平等、效率与公正的更高程度的统一。

需要指出的是，工人经济学其实与资本经济学面对的是同一个经济生活领域，只不过由于双方的价值取向与权利和利益诉求不一样，而对这个世界提出不同的解释和不同的要求。工人经济学也不能完全否定资本视角，而是要努力与资本视角寻求交叉共识。因此，一般而言，工人经济学也要从企业家和劳动者的双重视角，从个体和集体、微观和宏观两个层面，研究劳动力供求关系、劳动力市场运行规律和劳资关系发展规律；就特殊和重点而言，工人经济学强调劳动者视角以及集体和宏观层面的研究，以平衡已经得到充分强调的企业家视角以及个体和微观层面的研究。

（二）工人经济学的学科定位

工人经济学属于劳动经济学的一个分支或一种形态。凡是研究劳动这一生产要素在市场经济中的地位和作用、存在和发展规律的经济学，都属于劳动经济学，与土地经济学、资本经济学、技术经济学、信息经济学、知识经济学、管理经济学、金融经济学等处于同一个层面，它们是微观经济学的主要分支，是与理论经济学不同的应用经济学。在劳动经济学这个较大的范围内，可能出现三种不同形态的劳动经济学：一是从资本、所有者视角阐释劳动经济现象的劳动经济学，我们可以把它叫作劳动力经济学或劳动力市场经济学，此种视角的经济学把劳动和劳动者简化为劳动力；二是从劳动、劳动者视角出发阐释劳动经济现象的劳动经济学，这就是工人经济学；三是不偏不倚的、平衡两种视角的劳动经济学，不过这几乎只存在逻辑上的可能性，实际上是很难达到的，但作为追求目标是完全必要和正当的。

在欧美市场经济国家的经济学传统中，并不缺乏劳动者视角及其理论体系。马克思主义政治经济学作为对古典经济学的批判，就是一次劳动者视角对所有者经营者视角的颠覆，它无疑是站在工人阶级立场上的理论经济学，也可以说是一门广义的、理论层面上的劳动经济学或工人经济学。至于狭义的、作为一门应用经济学的劳动经济学，既不是由古典主义也不是由新古典主义创立的，而恰好是由颇具劳动者视角的制度经济学创立的，其代表作有《美国的劳工运动》（1886）、《劳动问题》（1905）、《行业工会和劳动问题》（1905）、《劳动立法原理》（1916）、《工业善意》（1919）、《美国劳工运动史》（四卷本，1918—1934）、《产业治理》（1924）、《劳动经济学》（1925）、《制度经济学》（1934）、《劳动经济学与劳动关系》（1949）等，当时制度学派几乎独占鳌头，并且直接推动和影响了美国的劳动立法与罗斯福新政。也就是说，劳动经济学的最初形态，基本上可以界定为工人经济学。到了“二战”以后，芝加哥学派才发起一场劳动经济学革命，逐步确立了新古典主义的主导地位。古典主义—马克思主义—边际主义和新古典主义—制度主义和凯恩斯主义—新古典主义和新自由主义……西方经济学就是这样不断实现视角和范式转换，并在转换中彼此靠拢的。正如考夫曼所言，一方面当代劳动经济学是一种“混合的实用主义”，新古典经济学家在他们的理论中纳入了相互依存偏好、不完全信息、企业制度及其起源等；另一方面，制度主义劳动经济学家也大量采用了新古典学派的分析技术和工具，结果，现代劳动经济学的制度主义和新古典主义都通过模型建构和经验检验，用各种方式理解经济现实，界限越来越模糊，差别越来越小了（Kaufman，2006）。

对于劳动经济学中制度主义与新古典主义两大流派的相互关系，我国一些学者也作了很好的研究。伍美云、杨河清在《劳动经济学研究范式的演变》（2015）一文中，对制度学派摩尔根的《劳动经济学》（1962）与新古典学派伊兰伯格和史密斯的《现代劳动经济学：理论与公共政策》（1982）作了对比研究，指出二者在理论前提、研究方法、研究层面、研究内容上存在诸多不同①。张金英在《劳动经济学理论范式及其演进过程》（2009）一文中指出，经过几轮不同范式之间的争论，以新古典主义为主导的主流劳动经济学理论范式已经进入常规、稳定、持续的发展时期，未来一段时期，将更加关注现实问题和制度性的因素，如失业、贫困、弱势群体、人力资本、委托代理、福利制度等，这实际上是对劳动者视角和制度经济学的吸收②。胡靖春在《美国劳动经济学研究两大流派述评》（2010）一文中，认为两派已经在相互促进和融合了：一是新古典理论也不得不回答制度学派提出的问题，不得不用经验的“血肉”充实其理论的“骨骼”；二是历史性研究并不与分析性

① 伍美云，杨河清．劳动经济学研究范式的演变［J］．首都经济贸易大学学报，2015（5）

② 张金英．劳动经济学理论范式及其演进过程［J］．山东财政学院学报，2009（5）

研究呈对立之势，尤其是涉及经济政策问题时能够优势互补[①]。

国内外这些研究的不足之处在于以下几个方面。

第一，没有明确指出不同经济学范式后面的视角、立场、价值观，这恰好是本书首先强调的。根据康德以来主要的哲学认识论，每一个认识主体都是带着视角、立场和价值观的。就劳动经济学而言，首先，资本、劳动，并不是纯粹的物或与人无关的客体，资本是附着于资本家、企业家的，劳动是附着于劳动者、工人的，反过来说，资本家和劳动者并不是经济范畴的被动的人格化，他们是特殊的利益主体和主动的历史创造者，所以，他们具有视角、立场、价值观迥异的经济思想，是很正常的事情；其次，劳动经济学者，或者偏向于资方，或者偏向于劳方，或者试图在劳资双方之间保持中立的第三方（如知识分子、中产阶级、国家公务员、社会公众代言人）的立场，这也是正常的。各种迹象表明，新古典经济学偏重于企业家视角，制度经济学偏重于劳动者视角，而这两种视角因时、因地、因事、因条件，可能是尖锐对立的，可能又是高度趋同或求同存异的。伸张和说明不同的视角和主观性，并不会因此而失去经济学的科学性和客观性，正像哈贝马斯和罗尔斯所指出的，人

① 胡靖春．美国劳动经济学研究两大流派述评［J］．哈尔滨商业大学学报，2010（6）

文社会科学的真理性，其实就是不同观点之间通过对话而形成的交叉共识，而不是由某一方独占全部的客观真理。

第二，国内外劳动经济学界还没有来得及把这两种基本范式放在宏观的、长时段的社会历史中，进行全方位的比较研究，并实现两种范式的综合。虽然新古典学派和制度学派开始分别吸收对方的内容了，但一则在现有的劳动经济学各部分主要内容中还没有打通、贯穿这两种范式，二则还有一些劳动经济的内容并没有纳入现存的劳动经济学体系。劳动经济学一方面当然要把劳动力市场当作劳动与资本博弈的主要活动范围（迄今新古典主义范式占优势）；另一方面也要把劳动产权、工会、劳资集体谈判、罢工、工人参与管理、劳资共决、利润分享、社会市场经济、团结合作经济、道德经济、贫困经济等内容纳入劳动经济的范畴（迄今制度主义范式占优势），并与劳动力市场形成相互作用。本书力图在全面比较两种范式的基础上，找到由此达彼的逻辑与现实通道。

把两种劳动经济学范式融会贯通的路径有两条：

第一，让它们在一定的边界范围内各自发挥效力和作用（比如，在一级或内部劳动力市场适用效率工资、劳动力集体定价机制、利润分享，而在二级或外部劳动力市场适用供求规律、劳动力个别定价机制、边际劳动收益）；

第二，形成一系列新的、富有解释力的概念、思想、观点、判断、数学模型（比如，从物质资本和简单劳动的二元对立中产生“人力资本”、从资本家和劳动者的二元对立中产生“人力资本家”）。

在对两种视角和范式进行全面比较后，或许可以达到一种新的综合，如表1－1所示。

表1－1　新古典学派与制度学派研究范式的比较与综合

劳动经济学范式	新古典主义	制度主义	可能达到的平衡与综合
价值观	古典自由主义、新自由主义	工联主义、社会民主主义、合作主义	相互制衡与补充、竞争与合作
基本经济制度	自由市场经济	社会市场经济	适用范围不同，可以互补
社会主体	资本家、财产所有者经营者、企业家	劳动者、劳动力所有者、工人	产生人力资本家、有产工人、中产阶级
人性假说	理性人、经济人	综合人、社会人	形成有限理性的共识
行为假说	资本利润最大化和工人个体工资最大化	资本利润合理化和工人集体收益合理化	寻找劳资正和博弈的空间，实现劳资双赢

续表

劳动经济学范式	新古典主义	制度主义	可能达到的平衡与综合
劳动力	商品、同质、简单、对资本尽义务、分散无组织	不完全商品、不同质、人力资本、为自己争权利、联合有组织	实现简单劳动力向复杂劳动力、分散向联合的转化
劳动力市场	完全竞争、趋向供需均衡和市场出清、充分就业、外部市场、一元市场	不完全竞争、不可能达到均衡、总有失业、内部市场、二元市场	两个劳动力市场可以相互作用，不断向更有效率也更公平的方向发展
工资、工时和劳动条件决定	生存工资、工资基金、边际生产力工资、供求均衡工资、用脚投票、超时加班、无社会保障	效率工资、按贡献分配、集体谈判、利润分享、罢工、缩短工时、社会保障	两种劳动力定价机制可以在不同范围并存，最终消灭剥削和贫富两极分化
雇佣和管理	资本雇佣劳动、资方拥有财产权经营权分配权、资方单方面决定权	工人参与管理、劳资共决、劳动雇佣资本（合作社）	实现雇佣的中性化、劳资共决、产业民主和企业民主

续表

劳动经济学范式	新古典主义	制度主义	可能达到的平衡与综合
产权制度	企业主所有制、股东所有制、股份有限公司制	劳动产权、人力资本所有制、员工持股、股份合作制	形成有产劳动者或工人股东的庞大队伍，实现经济民主
方法论	个人主义、个人选择	集体主义、集体行动	在个人与集体之间反复运动
逻辑工具	抽象、分析、演绎	描述、综合、归纳	同时运用两种工具

当然，对新古典主义和制度学派的一种新的综合，并不等于消除了两者的所有矛盾，两者的差别和矛盾还会存在，两者都会有自己的偏重，而且还会有新的差别和矛盾产生。在很长的历史时期，资本视角的劳动经济学（劳动力市场经济学）与劳动者视角的劳动经济学（工人经济学）还会长期处于一种竞争而合作的关系之中。

（三）工人经济学的基本构架

本书的基本构架和思路是，综合研究各种工人经济现象和形式，从劳动者视角出发探索市场经济的制度、运行与发展规律，遵循逻辑与历史相一致的基本原则和方法，从抽象到具体，由简单到复杂，初步建立一个工人经济学的逻辑体系，如图 1－1 所示。

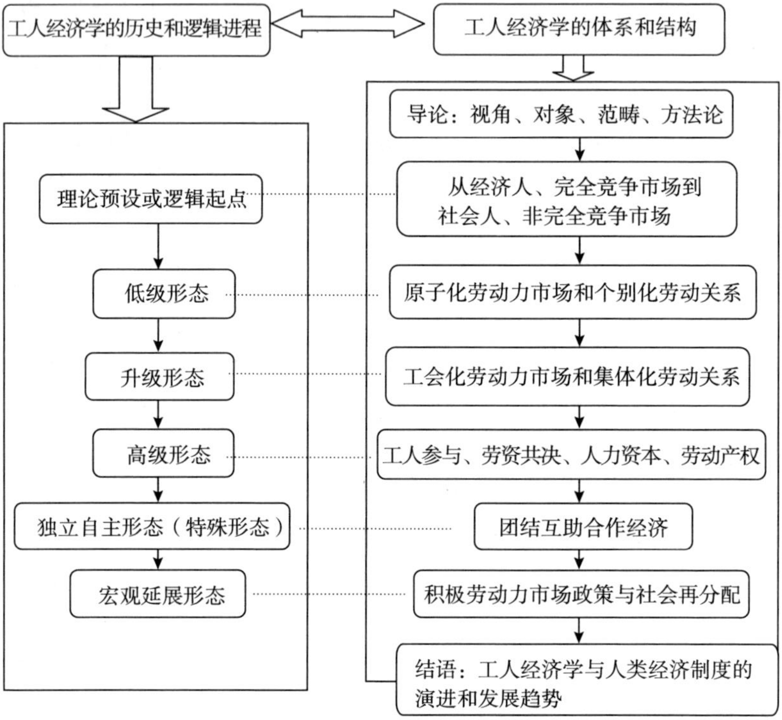

图 1－1　工人经济学的逻辑体系

这个图示用文字说明如下。

第一，工人经济学的理论预设或逻辑起点：社会人假设和非完全竞争市场模型。这是贯穿全书的基本范式，明显不同于新古典劳动经济学的经济人假设和完全竞争市场模型。

第二，工人经济的低级形态：原子化劳动力市场和个别化劳动关系。在此阶段，劳动与资本处于自发、分散和随机的结合状态，劳动力价格由劳动力供求关系与劳动者和企业一对一的个别契约决定。

第三，工人经济的升级形态：工会化劳动力市场和集体化劳动关系。这是从19世纪末至今的主流形态，劳资双方处于集体博弈（斗争与妥协）状态，劳动力价格主要由集体谈判确定，也就是劳动者通过争取和运用团结组织权、集体谈判权和罢工权，对资本所有权、经营管理权和分配权予以反制，在资本雇佣劳动范围内达成劳资力量对比的相对均衡。

第四，工人经济的高级形态：劳动与资本相互雇佣以及资本劳动化和劳动资本化的各种模式（如工人参与管理、劳资共决、利润分享、劳动产权、人力资本、员工持股等）得以发展，在市场经济范畴达到劳动与资本的双赢和融合，即社会市场经济的发展阶段。

第五，工人经济的独立自主形态：团结互助合作经济，道德经济，贫困经济，弱势群体自力救济经济，作为劳动力要素配置的一种重要形态，与低级形态、升级形态、高级形态并存，至今不占主导地位，但在未来具有较为广阔的发展前景。

第六，工人经济的宏观延展形态：积极的劳动力市场政策与社会再分配。这是通过政府行为或第二次分配，在国家层面对贫富差距进行调节与保障工人经济权益、经济安全、经济公平和生活质量。

第七，工人经济的发展与整个市场经济制度的演进和发展趋势：通过不间断的工人运动和劳资博弈，资本主义经济制度吸纳了工人运动和社会主义运动的部分要求，形成了一个新的历史合题，即社会市场经济。

要完成这样一个学术工程，无疑是非常困难的。

难点之一是，要在搞清新古典经济学的视角和范式与制度经济学的视角和范式异同的基础上，形成新的、取两者之长弃两者之短的视角和范式。应该说，在理论上存在这样的张力和弹性空间，但需要广泛运用前人的研究成果和自己收集的实证材料，确定这样一个可以综合和融通的区间和范围。比方说，关于“劳动力素质”的思想道德部分，新古典学派强调劳动者的义务意识和对企业的忠诚，那么制度学派就可以把劳动者的权利意识和劳动者之间的团结互助加进去，这样就会形成两者之间的张力并因此而重构“劳动力素质”这个概念。再如，关于“劳动力成本”，按古典的和新古典的模型，会停留在劳动力再生产的费用或劳动力的边际收益上，但是工会、集体谈判、罢工、劳动政治、劳动立法等最初属于市场外部的、社会的、制度性的力量，会把效益工资、利润分享、体面劳动、生活质量、劳动安全、休闲娱乐等加入劳动力成本，变成市场内部要素。这是一个制度主义元素一步步市场化和新古典主义元素一步步社会化的双向过程。

难点之二是，这个双向运动和综合过程，并不只是在两种范式之间进行简单的排列或杂糅，而是要形成一种真正具有创造性的新范式，它必须同时满足三个条件：第一，在逻辑上是融会贯通而不是自相矛盾的；第二，符合经济学实证研究要求、具有现实分析和解释效力；第三，可以得到数学表达，可以建立相应的数学模型。这将是一个艰苦的探索。

三、价值取向和研究方法

（一）工人经济学的视角、立场和价值观

工人经济学的视角、立场和价值观，介于马克思主义政治经济学和自由主义范式的劳动经济学之间。一方面，它吸收了马克思主义政治经济学对于资本主义生产关系中所存在的剥削和不公平的揭示和批判，但也意识到在当前历史条件下很难一举摧毁私有制和市场经济并建立公有制。另一方面，工人经济学也不同于传统的、西方主流的劳动经济学，后者主要是从资本和所有者视角展开研究的，在研究方法上，从“理性人”的假设出发，用边际决策规则来贯穿整个研究；在学术观点上，强调竞争在劳动力市场上的作用，认为工资和劳动力资源配置

主要是由市场决定的，虽然也考虑制度性因素（内部劳动力市场、工会、社会环境），但认为这些因素会分割劳动力市场。与之不同，工人经济学是从身处市场经济中并奋力提升其经济地位和权益的劳动者视角来展开研究的：它重视社会正义，将劳资关系的公平合理与劳动者权益的保护作为重要议题，在劳动和资本斗争与合作的博弈进程中开拓劳劳合作与劳资合作的各种经济形态，在此基础上研究劳动力要素的质量提升与优化配置。在工人经济学中，劳动者是带着丰富的社会存在投入经济和生产过程的，他们的心理、伦理、政治乃至审美特性都会影响劳动力的投入和产出。工人经济学并不否定劳动经济学的供求关系模型，而是在这一模型中加入劳动者主体需要、人格和活动这一重要参数，甚至可以将劳动者主体需要、人格和活动作为自变量，而将其他经济要素作为因变量，来建立相应的数学模型。这会反过来丰富和促进劳动经济学的发展。

（二）现象学还原与跨学科研究方法

所谓现象学还原，是把人们习以为常的种种区别和界定，周期性地还原到完整而变动不居的“事情本身”的存在状态，从原初的直觉出发重新审视事物各要素、各部分之间的相互关系。比如说，人们通常把社会生活划分为经济、政治、文化等领域，但如果我们进行现象学还原的话，就会意识到，在真实的社会生活中，其实经济之中有政治和文化，政治之中有经济和文化，文化之中有经济和政治。因此，工人经济学问题，与工人和各个社会主体之间的社会政治博弈、文化竞争息息相关，与阶级的团结和组织、社会力量之间的对比、人们的主动抗争和积极选择息息相关，并不是由什么客观必然的外在经济规律先天地决定的。如此一来，工人经济学就必然采取跨学科研究方法，不仅必须吸取上游的哲学、经济学、政治学、社会学、法学、伦理学、美学的知识和方法，而且要吸取同一层次的劳动政治学、劳动社会学、劳动法学、劳动伦理学、劳动美学等学科的知识和方法。

（三）方法论个人主义与方法论集体主义的结合

基于无数个体选择的、自发的、分散的劳动力供求关系一定是长期存在的，同时，基于工会和雇主协会的集体谈判行为，也一定会对劳动力的供求关系产生重大的影响，这两者并不是非此即彼的关系，而是相互转化的关系。由此出发，新古典经济学的个人主义方法论、成本收益/投入产出分析方法、边际分析方法和抽象演绎方法，与制度主义学派的集体主义方法论、历史/制度/社会综合方法和具体归纳方法，也应该是可以结合起来的。比如，按照抽象分析方法，经济、政治、文化是三个独立的领域，按照具体综合方法，三者又是相互渗透和转化的；

随着社会各领域的相互渗透，许多最初是外生的、“非经济”“非市场”的因素，后来会变成内在的经济和市场变量。

（四）实证研究方法与规范研究方法的结合

一方面，针对各种劳动经济现象进行田野调查，比如，选取典型企业与典型行业了解劳资集体谈判过程中工人与雇主的利益组织化过程和策略选择，选取典型企业了解劳动与资本关系的各种模式（工人参与管理、劳资共决和利润分享、员工持股等），搞清楚各种劳动经济现象和形式的实际存在状况；另一方面，把这些劳动经济现象和形式放在不同的社会历史观、价值观、经济观之下，放在人类经济生活的普遍联系和发展趋势之中，进行深入的思考和研究，指出它们的发展前途和方向。

（五）定量研究和数学模型

在定性研究和实证研究的基础上，进一步进行定量研究，提出各经济变量之间相互关系的数学模型。比如，不是把工会、集体谈判、罢工当作非经济、非市场因素放在劳动力市场外部加以论述，而是在劳动力市场运行过程的各个环节中，把它们当成内生的劳动经济变量，求解它们在整个劳动力市场和劳动经济体系中的影响力、作用度和比重。

四、主要的思想资源

本书力图建立的工人经济学，是一门从劳动者视角去研究市场经济的制度、运行机制和发展规律的独立经济科学。工人经济学有悠久的学术渊源，许多思想资源和要素分别散落在经济学、社会学、劳动关系学、管理学、工人运动史等学科之中，但迄今为止还未能从劳动者视角出发，把它们构成一个独立、系统、完整的经济学体系。兹将相关学术资源梳理如下。

1. 马克思主义政治经济学

马克思主义政治经济学是一套由劳动价值论、剩余价值论、利润和剥削理论、公有制和计划经济理论等构成的完整的经济学体系，不过，经过一个半世纪的历史证明，马克思主义政治经济学也应当吸收其他经济学理论的合理要素，在承认资本、土地、管理、技术等生产要素的贡献与私有制和市场经济的长期历史合理性的同时，继续高扬劳动者的主体地位。我国老一辈经济学家蒋一苇就先后提出“企业本位论”（1979）、“职工主体论”（1986）和“经济民主论”（1989），试图为社会主义商品经济提供一种理论论证：“我的观点总的是经济民主，其中的基础是企业本位论，而企业内部则是以职工为主体，这三者就构成了我经济体制改革的主要观点。”

王钰、刘永佶等经济学者继承了这种思路。

2. 社会市场经济理论和市场社会主义

“二战”以后，德国在自由市场经济基础上，吸收基督教民主经济思想和社会民主主义经济主张，形成社会市场经济理论和体制。德国的社会市场经济保障私人企业不受外部干预，独立自主地决定自己的生产计划、经营管理、自负盈亏、确定价格、职工工资、招聘和解雇以及企业之间的合作、兼并、转产等，但这只是企业针对国家而言，在企业内部，德国工人有权参与管理。德国的企业有两个领导机构：作为监督机构的监事会和处理日常业务的董事会。监事会由资方和劳方的代表共同组成。在工厂一级，职工可成立企业委员会，在诸如工时、休假、报酬、职教、住房等问题上有参与决定权；在人事雇用、工厂建设、技术设备计划、劳动岗位设置等方面有协商、咨询权。德国的社会市场经济主要体现在微观层面的工人参与企业管理、实行劳资共决，宏观层面的加强政府对收入的第二次分配、建立完善的社会保障。市场社会主义则是在欧洲社会主义阵营中出现的把社会主义与市场经济相结合的理论探索，吸取了马克思的社会个人所有制思想、南斯拉夫的自治社会主义和历史悠久的合作经济传统，主要代表人物有兰格、沃德、罗默、米勒、斯韦卡特，目前还很少付诸实践。

3. 制度学派劳动经济学

制度学派劳动经济学兴起于19世纪末20世纪初，主要代表人物有艾里、康芒斯、加尔布雷思、雷诺兹、考夫曼，其中以康芒斯、加尔布雷思影响最大。制度学派认为，不存在纯粹的经济或市场，在经济和市场之外，政治的、法律的、社会的、伦理的、历史的等各种制度性因素也在渗透、形塑经济和市场，故而他们强调制度分析方法或结构分析方法、历史分析方法和社会文化分析方法。他们主张国家对经济进行调节，以克服市场经济所造成的弊端和缺陷。康芒斯也是一位劳工活动家，他主张通过工会组织和工人集体力量、劳动立法和社会保障制度，矫正劳动者在劳资谈判中的不平等地位，罗斯福新政推行的主要法案，基本上贯彻了康芒斯的这些主张。加尔布雷思是美国民主党的主要经济学家，多次出任政府官员，他提出制衡力概念，主张在资本主义经济体系中形成劳动者、消费者和社会公众对企业的权力平衡，甚至要求增加社会主义经济成分。到了20世纪下半叶，制度主义劳动经济学才逐渐让位于新古典主义劳动经济学，不过，与早期新古典劳动经济学不同的是，新时期新古典劳动经济学把制度学派的诸多成果吸收到自己的体系之中了。

4. 劳动产权论

洛克在《政府论》中首次从劳动价值论出发建立其劳动产

权论，他认为人的劳动物化在其所利用的自然资源中，形成自己的财产并享有产权，这是人的“自然权利”。受洛克的启发，黑格尔用对象化理论为劳动产权提供了一种思辨哲学的论证，认为主体只有对象化、外化在客体中，才能成为现实的主体。马克思进一步发挥了黑格尔的思想，提出了劳动者应当以共同所有的形式获得全部产权的要求。我国学者张兴茂认为劳动力产权包括：（1）基本生存权和发展权；（2）维护劳动力再生产的权利；（3）劳动力自主支配权；（4）一部分剩余索取权（2001）。美籍华人学者曹天予主张劳动产权应该是一种宪法权利（2006）。最新的研究成果有迟福林 2018 年 8 月出版的《劳动力产权论：实现共享发展的理论探索》。

5. 劳资集体谈判理论

在资本主义经济的早期发展阶段，劳资冲突极为严重，马克思认为工人们通过工会组织起来，运用罢工等手段，固然可以减轻雇主对自己的剥削程度，但最终要消灭剥削和雇佣劳动制度，只有通过无产阶级革命和无产阶级专政。社会民主主义经济学、制度经济学、福利经济学、社会市场经济理论等经济学派则强调争取和落实劳动者三权（团结权、集体谈判权和罢工权），主要通过建立劳资可以反复博弈的产业关系和劳资政三方调节机制，通过产业民主和经济民主，通过劳动立法和社会保障立法来赢得更多的劳动者权益。整个现代产业关系（劳资关系）的理论、立法和实践，都是围绕着集体谈判进行的，集体谈判成为发达市场经济国家主要的劳动力定价机制和劳资矛盾调节机制。

6. 科学与人本管理理论

泰勒认为通过科学管理，改善工作场所组织方式和生产与分配手段，可以实现劳资双赢（1911）。梅奥认为，人的主动性、积极性和创造性对工效发挥日益重要的作用，劳动者需求的满足及权益的保障极为必要（1933）。闵斯特伯格（1912）和斯科特（1911）试图采用心理学方法来提升劳动者工作满意度。随着人本主义管理理论（如麦格雷戈的 Y 理论、德鲁克的目标管理、马斯洛的需要层次论、大内的 Z 理论）的推广和运用，员工参与管理、利润分享、员工持股等劳资合作方式得以产生和发展。

7. 现代人力资本理论

随着经济复苏和科技发展，新古典经济学受到挑战，为求解经济增长之谜，舒尔茨（1960）、丹尼森（1962）、明塞尔（1958）、贝克尔（1964）等学者，开创了现代人力资本的研究领域，证明了劳动者，特别是具有专业知识和技术的高层次的劳动者，是推动经济增长与发展的真正动力。人力资本所有者拥有企业产权是企业制度安排的一种趋势，员工持股计划是人力资本产权理论的实践应用（凯尔索，1986）。

8. 团结经济和合作经济理论

合作经济作为一种弱势群体的联合，是劳动者实现其经济利益的重要形态，自 1844 年罗虚戴尔消费合作社产生以来，已经经历了 170 多年的发展，逐渐形成了劳动合作运动的核心价值观，就是自助、自我负责、政治、坦率、民主、平等、公正、团结相统一，以及与之相匹配的企业制度。西班牙蒙德拉贡联合公司是迄今最大和最成功的合作企业，以色列的基布兹是建立在生产资料公有制基础上的农业公社或称集体农庄，它既是一种农业经济实体，也是一种群众性的社会自治组织，旨在创造一个基于平等和劳动两种思想之上的新型社会和新型生活方式，对以色列的经济、政治、社会、文化等各方面产生了巨大的影响。俄国无政府主义者克鲁泡特金撰写了影响巨大的《互助论》，为合作运动提供了理论支持。英国经济学家舒马赫在其名著《小的是美好的》一书中向人们推荐了巴德联合企业的合作哲学，一种让产业切合人类需要的哲学。合作运动已经成为世界性的运动，全球有 8 亿多人加入了各种各样的合作社。

9. 贫困经济学

舒尔茨（1965）首次提出贫困经济学的概念，随后缪尔达尔（1970）和阿玛蒂亚·森（2011）等知名学者投入其研究中，发现贫困问题无法放入主流经济学框架中讨论，失业率、福利和不平等成为他们的经济学理论的重要议题。他们不停留在对自由和平等的抽象诉求上，增加弱势群体实现自由和平等的能力成为他们关注的中心。皮凯蒂的《21 世纪资本论》致力于不平等问题的研究（2014），帕特奈克认为世界财富与收入的不平等与全球化过程密切相关（2014），迪顿因其对“消费、贫穷和福利的分析”，获诺贝尔经济学奖（2015）。班纳吉与杜芙若提出让穷人的经济学取代精英的经济学（2016）。我国学者卢周来著有《穷人经济学》（2002），胡星斗提出了“弱势群体经济学”的“22 条军规”（2016），卢映西以双约束假设为逻辑起点构建了对贫困、失业等问题的分析框架（2015）。

10. 劳动科学与各门人文社会科学的交叉研究

改革开放以来，尤其是近年来，国内有些学者从各门人文社会科学出发研究劳动问题和劳动者问题，或者反过来说，从劳动者视角研究各门人文社会科学，出现了劳动哲学、劳动文化学、劳动政治学、劳动社会学、劳动法学、劳动美学、劳动伦理学、劳动心理学等新兴学科，这些学科的建立和发展，为工人经济学的建立和发展提供了重要的思想资源和方法启示。

从上述文献梳理可知，国内外不乏对工人经济现象（劳动价值、劳动产权、劳动管理、收入分配、集体谈判、劳动时间、劳动安全卫生、人力资本、团结经济与合作经济、贫困与弱势群体经济、劳动社会保障等方面）的专门研究，但还缺乏对市场经济中各种工人经济现象的综合和系统研究，这些研究对于近八亿数量、急需拥有自己的经济理论的当代中国劳动者而言，是远远不够的。第一，缺乏方向性，即缺乏“市场经济中的劳动者”或“劳动者的市场经济”这两个核心概念，能够贯穿各种工人经济现象和形式，使之显示出工人经济的历史源流、历史定位和内在的逻辑联系；第二，缺乏统一性，即缺乏对市场经济中各种工人经济现象的综合和系统的研究，并由此而形成一个由一系列概念、判断、推理组成的首尾一贯的理论体系。这样一种目标明确、完整统一的研究，只有一门独立的工人经济学才能胜任。

第二章

工人经济学的逻辑起点

一个思潮，一个流派，一个学科，一个理论体系，甚至一本专著，往往隐含或公开一个或者几个基本的逻辑起点，康德称之为先验图式，尼采称之为透视点，波普尔称之为假说，库恩称之为范式，拉卡托斯称之为研究纲领，伽达默尔称之为前理解或成见。它是整个体系的逻辑起点，它产生出特定的阐释框架和阐释方法，它像是一道普照之光，照亮了整个研究对象，又像是贯注于整个理论体系之中的热和电、灵魂和生气。古希腊哲学中的水、气、火、原子、理念、实体，莱布尼兹的单子，笛卡尔的自我，康德的现象和物自体，黑格尔的存在和绝对理念，叔本华的生命意志，马克思《德意志意识形态》中现实的个人以及《资本论》中的商品，尼采的力量意志，海德格尔的此在等，不一而足。一般来说，西方哲学形而上学传统中的基本预设或逻辑起点，是一个产生和决定整个世界及其历史发展的本原或本体。到了现代，人们发现，不同的哲学家和哲学体系有不同的本原或本体，都有一定的道理，但都不占有绝对真理，也就是说，哲学的竞争和哲学本身的多元发展，解构了那种唯一的、绝对的本原或本体。于是，从尼采开始，这个本原或本体，这个基本预设或逻辑起点，就变成了思想者观看和解释世界的透视角度，是一种非常个人化的原初体验、观照方式和解释工具。随着全景视角主义向个人透视主义的转变，在本体论上，一元论也就转变为多元论了。哲学是如此，经济学和其他人文社会科学也是如此。

一、自由主义经济学

（一）经济人的假设

迄今为止，西方经济学中占主流地位的仍然是古典自由主义、新古典自由主义和新自由主义经济学，其创始人公推为英国经济学家亚当·斯密。三代自由主义都共享一个基本的理论预设，那就是“经济人”或“理性自利者”假设，斯密在《国富论》中给予了最初的表述：“我们每天所需要的食物和饮料，不是出自屠户、酿酒家和面包师的恩惠，而是出于他们自利的打算。我们不说唤起他们利他心的话，而说对他们有好处。”这个假设包含以下几个层面的含义。

1. 每个人都是追求自身利益并且力图使自身利益最大化的经济主体

这个观点来自文艺复兴以来发展起来的一种人性假说。针对中世纪基督教宣扬并被封建等级专制制度强加于人尤其是强加于普通民众的禁欲主义，文艺复兴时期的人文主义者大力弘扬人的肉体欲望、物质需要、感官享受和身体权利，如果不把它们当成人的唯一特性的话，至少是把它们当成人的首要的和主要的特性，其他一切特性都建立在这个基础之上。人首先要满足物质性的、生物性的自然生理需求，为此当然就要先满足能达成这些需求的物质财富，于是追求物质利益或经济利益就成为人们活动的主要动力，尤其是在物质资料和物质财富比较匮乏的情况下，绝大多数人处在这一需求和行为水平上，只有极少数人才能把更高需求的满足作为自己人生的主要目标。由经济人这一基本假设，可以进一步推论出所有经济主体都追求利益最大化的假设：地主追求地租的最大化、企业主追求利润的最大化、劳动者追求工资的最大化，其他经济主体如消费者、自耕农和手工业生产者、自由职业者、文化人、政府官员，也无不利用手中的资源，追求自身经济利益的最大化，他们的区别只在于行为的方式和结果上，而不在行为的动机和动力上。

2. 每个人都是一个独立的个体，享有平等的经济权利并对自己的经济行为负责任

自由主义经济学的另一个哲学前提是个人主义，个人被假设为像德谟克利特的原子或莱布尼兹的单子那样的独立个体，享受着追求财富、自由、幸福的自然权利或天赋人权。当然，个人在追求自己经济利益时一定会与他人产生交集，但由于每个人都具有平等的自然权利这个前提，就事先限定了个人权利的边界，在这个边界内个人是完全自由的，越出这个边界侵犯别人的权利和利益则是不被允许的。《国富论》谈到，每个人基于“利己心”的赢利活动，只许在不侵害“正义规则”的限度内进行。问题是这个正义规则来自何处？应当说主要来自经济人的自我节制，即经济人的理性。这就引出了经济人的第三个特性。

3. 每个人都是有理性的，本质上都能够成为理性的自利者

所谓个人利益的最大化，在自由主义者那里，是在不侵害他人利益前提下的最大化，如果损人利己，通过侵害他人而实现自己利益的最大化，那只能取得眼前的和短期的成功。长期来说，会出现两种不利的结果：一是因为受到他人强有力的反击而被迫把自己侵吞得来的利益“吐”回去；二是所有人或很多人像狼一样长期相互争斗，最终同归于尽，自己和其他人一起毁灭。所以，即使仅仅从追求私利的目的出发，人们也必须成为有理性的人，或至少可以说，他们的恶行不是太过分因而可以彼此抵销。

这种小恶可以抵销小恶的假设，使得斯密的前辈孟德维尔敢于在《蜜蜂的寓言：私人的恶德，公众的利益》一书中说，蜂巢国中贪婪、自私、奢侈、享乐、“恶德”横行的蜜蜂们带来了蜂巢国的繁荣和富足，后来，由神的旨意变得从善如流的蜜蜂，秉持真诚、节俭、朴素的“善德”，结果却给蜂群带来了萧条；同样，对人类来说，贪婪、奢侈、挥霍、骄傲、嫉妒和虚荣都是高贵的罪孽，它们激励人们勤勉奋斗，驱使人们努力实现梦想、雇佣他人工作、生产各种满足欲望的产品、推动经济贸易发展、为自身荣誉地位参与战争，继而带来了国家安定和人民富足，于是，看起来是恶的东西，反而成了公共利益之源。

斯密深受孟德维尔启发，以不那么语不惊人死不休的、比较中性和温和的方式提出了他的影响世界几百年的“看不见的手”：“每个人都试图应用他的资本，来使其生产品得到最大的价值。一般来说，他并不企图增进公共福利，也不清楚增进的公共福利有多少，他所追求的仅仅是他个人的安乐，个人的利益，但当他这样做的时候，就会有一双看不见的手引导他去达到另一个目标，而这个目标绝不是他所追求的东西。由于追逐他个人的利益，他经常促进了社会利益，其效果比他真正想促进社会效益时所得到的效果为大。”①

4. 经济人、经济实体和经济领域本质上具有非政治性、非道德性、非意识形态性

经济人和经济实体（企业）在社会分工体系中，完成财富

---

① 亚当·斯密．国富论．北京：华夏出版社，2005：456

的生产、交换和分配的功能，对内遵循投入产出、成本收益法则，对外遵循价格机制，形成一个自身完整的、独立于政治和文化领域的经济领域或经济世界，它不积极地进入政治和文化领域，也拒绝政治和文化对自己的积极介入。如果说与政治和文化脱离不了关系，那也只具有最弱意义上的、消极意义上的政治诉求和文化关怀，即要求政府作为“守夜人”保护私有财产和市场规则，而自己也不积极主动地进入政治、宗教、道德、艺术各自的领域。经济人和经济实体可以在经济生活的边界之外，在工作和职业生活之外，成为教堂的礼拜者，成为家庭生活和公共生活中的道德楷模，成为艺术品的收藏家，成为慷慨捐赠的慈善家，但是在经济活动中则只遵循效率和利润最大化的原则，而拒绝从外部强加于自己的道德责任和社会责任。虽然说自由主义经济学与其他流派的经济学经过几百年的互动，也逐渐吸收了一些政治、社会、宗教、道德、美学的元素，但仍然坚持认为，经济人和经济实体以生产物美价廉的商品和服务并同时实现利润的最大化（两者是互为条件的）为己任，这本身就是经济人和经济实体所尽到的最大的道德责任和社会责任。

（二）完全竞争市场假说

由上述具有自利性、独立自主性、理性、非政治非道德性的经济人组成的经济世界，合乎逻辑的就是一个完全竞争的自由市场经济。

1. 完全竞争市场的定义和特征

完全竞争市场又称纯粹竞争市场或自由竞争市场，是指一个行业中有非常多的生产或销售企业，它们都以同样的方式向市场提供同类的、标准化的产品，卖者和买者对于商品或劳务的价格均不能控制。在这种竞争环境中，由于买卖双方对价格都无影响力，只能是价格的接受者，企业的任何提价或降价行为都会招致对本企业产品需求的骤减或利润的不必要流失。因此，产品价格只能随供求关系而定。这个定义可以解析如下。

（1）大量买者和卖者。

由于存在着大量的生产者和消费者，与整个市场的生产量（即销售量）和购买量相比较，任何一个生产者的生产量（即销售量）和任何一个消费者的购买量所占的比例都很小，因而，他们都无能力影响市场的产量（即销售量）和价格，所以，任何生产者和消费者的单独市场行为都不会引起市场产量（即销售量）和价格的变化，产量和价格完全由“看不见的手”即市场供求关系决定。

（2）产品的同质性。

市场上有许多企业，每个企业在生产某种产品时不仅是同质的，而且在产品的质量、性能、外形、包装等方面也是无差别的，具有可替代性，以至于任何一个企业都无法通过自己的产品具有与他人产品的特异之处来影响价格而形成垄断，从而享受垄断利益。对消费者来说，无论购买哪一个企业的产品都没有多大区别，以至于众多消费者无法根据产品的差别而形成偏好，从而使生产这些产品的生产者形成一定的垄断性而操控市场价格。

（3）资源流动性。

任何一个生产者，既可以自由进入某个市场，也可以自由退出某个市场，即进入市场或退出市场完全由生产者自己自由决定，不受任何社会法令和其他社会力量的限制。由于无任何进出市场的社会障碍，生产者能自由进入或退出市场，因此，当某个行业市场上有净利润时，就会吸引许多新的生产者进入这个行业市场，从而引起利润的下降，以至于利润逐渐消失；当行业市场出现亏损时，许多生产者又会退出这个市场，从而引起该行业市场利润的恢复和增长。

（4）信息完全性。

市场上的每一个买者和卖者都掌握着与自己的经济决策有关的一切信息。这样每一个消费者和每一个厂商都可以根据自己掌握的完全的信息，做出最优的经济决策，从而获得最大的经济效益。而且，由于每一个买者和卖者都知道既定的市场价格，都按照这一既定的市场价格进行交易，这也就排除了由于信息不通畅而可能导致的一个市场同时按照不同的价格进行交易的情况。所以，任何市场主体都不能通过权力、关税、补贴、配给等人为的手段来控制市场供需和市场价格。

2. 完全竞争市场模型的优点和弱点

如果在现实中存在一个完全竞争市场，那么它相对于种种非完全竞争市场，就具有如下的优势。

（1）促使微观经济运行保持高效率。

完全竞争市场全面排除了任何垄断性质和任何限制，完全依据市场的调节来运行，因而可以促使微观经济运行保持高效率。因为在完全竞争市场条件下，生产效率低和无效率的生产者会在众多生产者的相互竞争中被迫退出市场，生产效率高的生产者则得以继续存在，同时，又有生产效率更高的生产者随时进入市场参与市场竞争，生产效率更高的生产者则在新一轮的市场竞争中取胜，因而，完全竞争市场可促使生产者充分发挥自己的积极性和主动性，进行高效率的生产。

（2）促进生产效率的提高。

完全竞争市场可以促使生产者以最低成本进行生产，从而提高生产效率。因为在完全竞争市场类型条件下，每个生产者都只能是市场价格的接受者，因而他们要想使自己的利润最大化，就必须以最低的成本进行生产，也即必须按照其产品平均成本处于最低点时的产量进行生产。生产者以最低的生产成本生产出最高产量的产品，这是一种最佳规模的生产，这样的生产也就没有浪费任何资源和生产能力，因而，这样的生产过程是一种促进生产效率和效益不断提高的过程。

（3）增进社会利益。

完全竞争市场中的竞争，在引导生产者追求自己利益的过程中，也有效地促进了社会的利益。企业追求自己的利益，往往比直接追求社会利益更能有效地促进社会的利益。例如，每个生产者都努力使其生产的产品价值达到最高限度，其结果必然使社会的总产值有很大的增长，从而也就促进了社会公共利益的增加。

（4）提高资源的配置效率。

在完全竞争市场条件下，资源能不断地自由流向最能满足消费者需要的商品生产部门，在资源不断流动的过程中就实现了资源在不同用途间、不同效益间和在生产过程中的不同组合间的有效选择，使资源发挥出更大的效用，从而大大提高资源的配置效率与配置效益。

（5）消费者及消费需求满足的最大化。

在完全竞争市场条件下，价格趋向等于生产成本。因而，在许多情况下，它可以形成对消费者来说最低的价格，而且完全竞争市场条件下的利润比其他非完全竞争市场条件下的利润要小，所以在纯粹竞争的情况下，获利最大的是消费者。同时，完全竞争市场还可以使消费需求的满足趋向最大化①。

但是，其他经济学流派很快就发现和指出了完全市场竞争预设和模型的缺陷，并且也逐渐得到自由主义经济学一定程度的接受，如下所述。

第一，在现实经济实践中，难以全面具备完全竞争市场的所有前提条件，因此，完全竞争市场在现实经济实践中很难出现。完全竞争市场只是西方经济学家在研究市场经济理论过程中的一种理论假设，是他们进行经济分析的一种手段和方法。没有实践意义是完全竞争市场形式的最根本的缺陷，实际上它仅仅是一个经济乌托邦构想。

第二，在现实经济实践中，即使存在着大量小企业的竞争，市场中的商品价格仍然可能相对较高。其一，小企业的生产规模较小，不能进行规模生产，存在着规模不经济，生产成本高；其二，小企业的生产成本下降潜力小，这是因为小企业无力引进先进的生产技术和设备，生产的效率难以有较大的提高，即使能够引进先进的生产技术和设备，也无法达到规模生产，这时其生产成本不仅不能下降反而还会上升。

第三，完全竞争市场也会造成资源的浪费。在完全竞争

① https://baike.sogou.com/v4118769.htm?fromTitle=%E5%AE%8C%E5%85%A8%E7%AB%9E%E4%BA%89%E5%B8%82%E5%9C%BA

市场条件下，自由进入使效率更高、产品更能适合消费者需要的企业不断涌进市场，而那些效率低、产品已不能适应消费者需要的企业则不断地被淘汰退出市场。小企业在技术进步和外来干扰的冲击下很容易在竞争中失败，这成为完全竞争市场条件下正常的和经常的现象。那些因在竞争中失败而退出市场的企业，其整个企业的设备与劳动力在仍然可以发挥作用的情况下被迫停止使用，造成了宝贵的物质资源和劳动力资源的浪费。

第四，完全竞争市场中完整信息和知识的假设是不现实的。一般情况下，无论是生产者还是消费者，都只具有不完整的知识。生产者对其在现实市场中的地位、将来发展的动向及影响市场的各种因素的信息等知识，不可能完整掌握，而只能经常在不确定的世界中进行活动。消费者也不可能全面掌握特定市场上全部产品的价格、品质等方面的情况。同时，市场信息也不可能畅通无阻且非常准确。

人们指出，在实际生活中，只有农业生产等极少数行业比较接近完全竞争市场，因为在农业生产中农户的数量多而且每个农户的生产规模一般都不大，同时，每个农户生产的农产品产量及其在整个农产品总产量中所占的比例都极小，因而，每个农户的生产和销售行为都无法影响农产品的市场价格，只能接受农产品的市场价格。如果有的农户要提高其农产品的出售价格，农产品的市场价格不会因此而提高，最终结果只能是自己的产品卖不出去。如果农户要降低自己农产品的出售价格，农产品的市场价格也不会因此而下降，虽然该农户的农产品能以比市场价格更低的价格较快地销售出去，但是，不可避免地要遭受很大的经济损失。这样，农户降低其农产品价格的行为就显得毫无实际意义了①。

（三）新古典主义劳动经济学对自由主义经济学基本预设的应用

新古典主义劳动经济学完全接受了自由主义经济学的一般原理和基本预设，体现在以下两个方面。

1. 根据经济人假设，把劳动者简化为劳动力或劳动力商品，或者反过来用劳动力或劳动力商品来泛指劳动者

在新古典劳动经济学中，劳动力的核心含义当然就是指劳动能力，如果也提到劳动者个人的话，那就是指他具有的劳动能力；如果也提到劳动者全体的话，那就是指某国家或某社会所具有的劳动能力的总和；当劳动能力进入劳动力市场时，它就成为劳动力商品。

① https：//baike. sogou. com/v4118769. htm？ fromTitle = % E5% AE% 8C% E5% 85% A8% E7% AB% 9E% E4% BA% 89% E5% B8% 82% E5% 9C% BA

作为劳动力的劳动者因此也就带有经济人的四个特征：（1）追求工资或收入最大化的自利性；（2）作为原子或单子而存在的独立自主性；（3）具有遵守市场规则、能够自我约束的理性；（4）单纯谋求经济利益的非政治性、非道德性。

这样一来，劳动力就成了一种不具有人格的、不具有政治—伦理—社会关系的、不带情感和心理内涵的生产要素了，就成了和土地、资本、原料、生产工具、技术、信息等一样无生命体验的商品了。当然，从经济学和科学分析的角度出发，从人身上、从劳动者身上抽象出来劳动能力这种生产要素是没有问题的，也是必要的，在这个意义上，马克思在《资本论》中对劳动力所做的定义是符合人类社会一切历史阶段的："我们把劳动力或劳动能力，理解为人的身体即活的人体中存在的、每当人生产某种使用价值时就运用的体力和智力的总和。"① 但科学研究不仅仅是一个分析的过程，还是一个综合的过程，在通过分析找出来特定的要素之后，又应该把被抽象和过滤的其他因素与该要素重新结合起来，在一种相互作用和相互渗透的关系之中来理解这一要素，而这是新古典劳动经济学完全遗弃了的工作。

---

① 马克思恩格斯全集（第44卷）. 北京：人民出版社，2001：195

2. 根据完全竞争市场模型，新古典主义把受供求关系决定的、非人格化的劳动力市场的运行过程，当作劳动经济学的主要内容

这个完全竞争的劳动力市场，与其他市场一样具有四个特征：

（1）存在大量的劳动力买者和劳动力卖者，以至任何一个买者和卖者都不能决定劳动力的价格，这个价格只能由市场供求关系来决定；（2）劳动力商品具有很大的同质性和可替代性；（3）劳动力资源具有灵活的流动性，可以自由地在不同的地区、行业和企业流动；（4）劳动力市场上的每一个买者和卖者都掌握着与自己的经济决策有关的一切信息。

在新古典劳动经济学看来，具有这四个特征的劳动力市场就是完全竞争、自由竞争的市场，能够实现劳动力资源的最优配置，能够使劳动力供求双方的利益最大化，也能够最有效地提高劳动生产率并促进社会利益。

早期的新古典主义劳动经济学就是依据完全竞争模型构建其理论体系的：劳动力需求—劳动力供给—劳动力市场的供求关系—就业—工资—人力资本投资—劳动力流动—失业，政治、法律等制度性因素与工会、集体谈判、罢工等集体行动，在这个体系中没有存在的位置和空间。中国劳动经济学界 20 世纪 90 年代以来引进的劳动经济学体系，基本上照搬了这个理论构架。这里介绍2002年初版、2007年再版、2010年三版、2014年四版，由袁渠伦主编的影响和发行量很大的《劳动经济学》教材，其理论框架就是：导论—劳动力供给—劳动力需求—劳动力供给与劳动力需求的相互作用—人力资本—完全竞争市场下的工资水平与工资结构—非完全竞争市场结构对工资与就业的影响—就业与宏观经济变动—失业与通货膨胀—政府对劳动力市场的干预和调节，最后加上了一章与上述劳动力市场构架完全不相干的“劳动关系”①。再来看一下杨伟国主编的《劳动经济学》教材的框架：劳动经济学的价值与发展—劳动经济学分析框架—劳动力需求决策：资本与劳动—劳动力需求决策：理论扩展—劳动力供给决策：工作参与—劳动力供给决策：职业选择—劳动力供给决策：生命周期与职业生涯—劳动力供给行为：工作搜寻—劳动力需求行为：雇佣、甄选和歧视—劳动力供给行为：劳动力流动—劳动力需求行为：培训、晋升与解雇—劳动力需求行为：薪酬与鼓励—劳动力市场结果：就业、失业与劳动力短缺—劳动力市场结果：工资与收入分配—劳动力市场影响：劳动与宏观经济。其他劳动经济学教材大同小异，最多在书中或书末勉为其难地、生搬硬套地插进或加上工会与劳动关系的内容，而没有能够厘

---

① 袁渠伦．劳动经济学．大连：东北财经大学出版社，2014

清工会、集体谈判、罢工作为内生的市场变量，在劳动力市场供求关系中的地位和作用。

对于经济人和完全竞争假设这种纯粹抽象的理论模型，由于其与现实世界的巨大反差，其他的经济学理论就必然不断涌现出来与之竞争，尽管如此，就像自然科学在纯粹的、抽象的、理想的环境下进行假设和实验具有其价值一样，自由主义经济学，由于高标出一种完全自由而平等的经济模型，可以成为一个经济理论和经济实践的参照系。在这个意义上说，我们也可以说马克思主义、科学社会主义、共产主义的经济学也提供了一种完全自由而平等的经济模型，不同的是，自由主义是从右边乃至极右边提供的，而马克思主义是从左边乃至极左边提供的，它们的价值表现在两个层面：一是在经济实践层面，它们为具有不同甚至对立利益的阶级阶层或社会群体提供了可以用来进行经济政治博弈的思想资源；二是在经济理论层面，它们作为处于极右和极左两端的参照系，展示了经济学在两端之间得以发展的更为广阔的空间。正是这些更接近于真实的经济世界，非极端非绝对的理论，为人类的经济实践提供了更为丰富而有效的思想理论资源。下面我们将要介绍其中有很大影响的制度主义经济学和制度主义劳动经济学的基本预设或逻辑起点。

二、制度主义经济学

（一）社会人的假设

由于经济学研究角度、研究需要的不同，对于人的抽象也各不相同。经济学家对人性不同的看法也影响了其对人的假设，著名的“社会人”模式就是另一种应用于经济学中的假设。它由旧制度主义经济学家提出，以之取代“经济人”模式，其基本内容是：人作为一种社会存在，除了物质和经济利益之外，还追求安全、自尊、情感、社会地位、自我实现等需要；人所做出的选择，必须建立在他个人的社会经验与个人之间相互作用的基础之上，因此，人的行为是直接依赖于他生活在其中的社会制度文化环境的，所以要从每个人的现实存在和他与环境的关系上去解释人的经济行为。

“经济人假设”在假定人是“自利的理性人”的同时，还存在一系列相关假设，包括资源供给不受限制、市场信息对称、人的知识水平足够、市场机制充分有效等，但实际上这样的条件本身在现实中不存在。即使是追求“利益最大化”的“经济人”，他们一旦遇到物质利益与精神利益、个人利益与集体利益、私人利益与公共利益的双重选择时，其利益判断也会出现巨大的差异，其权衡标准也会背离这种“假设”①。

紧随其后，管理学的发展也提出了社会人的假说，认为在社会上活动的员工不是各自孤立存在的，而是作为某一个群体的一员有所归属的“社会人”，是社会存在。人具有社会性的需求，人与人之间的关系和组织的归属感比经济报酬更能激励人的行为。“社会人 ”不仅有追求收入的动机和需求，他在生活工作中还需要得到友谊、安全、尊重和归属等。因此，“社会人”的假定为管理实践开辟了新的方向。采用“社会人”假设的管理学家有梅奥、马斯洛、赫茨伯格和麦格雷戈等人。

相对经济人而言，社会人也具有如下四个特征。

1. 社会人对经济利益的追求往往止于合理和满意的程度，并不一定追求利益的最大化

进入经济生活尤其是竞争性市场经济之中的人，作为一个经济主体，主要的动机当然是获取较多的经济利益（地租、利润、工资）；社会人具有经济属性，但不是单纯的经济人。由于两个方面的原因，他们往往以达到相对的、自己感到满意的利益为限，并不追求最大的利益。

一是在自己内在的需求结构中，并不只有生存、积蓄、致富、享乐层面的物质性需求，还有尊重、友爱、创造、自我实

① 张新生等. 试析“经济人”假说的边界问题. 江西社会科学，2007（9）

现层面的精神性需求。当人们从事一种经济活动、追求一种经济利益，会冒着失去尊重和友爱的危险，或者必须付出牺牲自己的创造性、自我实现机会为代价时，他们就会降低对于经济利益的期望值，而倾向于维持良好的人际关系，并花费时间去满足自己得到自由全面发展的需要。“社会人”不是片面地追求财富量的增加，而是追求生活质量，抑或称之为“幸福”的价值。如在买卖一种商品或服务的时候，并不一定要赚取最大的利润或支付最低的代价，也许双方都满意且利益都得到增进，交易双方有机会变成对方可信的朋友，从长远来讲，可能是一种更合理、更好的交易方式。

二是在客观的外部社会环境中，当竞争主体都以利益最大化为目的时，由于“最大化”缺乏客观尺度而取决于主观评价，就不可避免地导致一些强有力的人“剥削”弱小的人，或者发生强者之间同归于尽的“火并”和“撞车”，这两种情况都会导致交易系统的“堵塞”乃至“瘫痪”，并且进一步引来最强者对整个市场的垄断和管制，使自由而平等的市场经济变成充斥“奴役”和“压迫”的统制经济。一旦出现这种社会状况，大多数人的利益非但得不到最大化，反而趋向于最小化。一种竞争而合作的、有节制地追求较大利益的经济行为，能够从根本上避免这种最坏情况的出现，并推进市场经济朝向更加自由而平等的方向发展。

2. 社会人是与其他人处于相互作用之中的相对自由和独立的个体

社会人不是抽象的个体，不是孤立的原子或单子。不是说每个人都画一个圆圈，圈里是自己的，圈外是别人的；社会人不仅是相互依存的，而且是相互作用、相互渗透、相互转化的。首先，在时间的、纵向的、历史的维度上，每个人都不是“从天上掉下来”的，而是代代繁衍生息，身上带着祖先的基因，而又传承后代。同时，每个人又都是接受、吸收、消化一系列历史所提供的经济政治文化资源而长大成人的。其次，在空间的、横向的、社会的维度上，每个人都受到社会环境的积极或消极、有利或不利的影响，都是社会关系网格上的节点，都依次成为家庭、宗族、社区、阶层、阶级、社团、民族、国家等社群的成员。这是一种我中有你、你中有我的关系。当然，每个人都是特殊的个体，是社会历史发展过程的原创者、发起者、推动者，没有任何一种力量能够取代个人的这种地位和作用，但个人的自由和独立是相对的和有限的，不存在绝对的自由和独立。个人主义、自由主义的“经济人”假设和集体主义的“螺丝钉”假设，都具有较强的局限性。在这一点上，马克思在《德意志意识形态》中关于“现实的个人”的论述仍然可以成为“社会人”假设的强有力的支持：“社会结构和国家经常是从一定个人的生活过程中产生的。但这里所说的个人不是他们自己或别人想象中的那种个人，而是现实中的个人，也就是说，这些个人是从事活动的，进行物质生产的，因而是在一定的物质的、不受他们任意支配的界限、前提和条件下能动地表现自己的。”① 马克思这里所说的“现实的个人”具有三重规定性：

第一，他们在一定的生存条件下从事活动。

第二，他们的活动改变了旧的生存条件，创造出新的生存条件。

第三，他们在改造环境的同时，也改变了旧的自我，创造出自己新的个性、能力、品德、性格、观念、思维方式等。

由此，可以把“现实的个人”定义为在一定生存条件、在一定社会关系中能动地改造世界和改造自己的个体的人，是追求自己自由的相对独立的特殊实体。可以说，“现实的个人”是对“社会人”的最准确的界定。

3. 社会人只具有有限理性，同时也具有非理性

人是理性的动物，理性是人类区别于其他动物的本质特征，这是启蒙运动所确立的一个基本信念。自由主义经济学及其经济人假设显然是建立在这一信念基础之上的。然而，从叔本华、尼采，到存在主义、生命哲学和精神分析学，却几乎颠覆了理性人的假说。首先，人只具有有限的信息、知识、智力、理性

---

① 马克思恩格斯全集（第3卷）. 北京：人民出版社，1960：29

能力，他们还可能经常处于盲目、无知、短视、偏见、贪婪、恐惧、忌妒、病态、精神错乱乃至疯狂的状态；其次，人性固然有真善美的基因和倾向，同时也具有假丑恶的基因和倾向。种种非理性会经常突破个人理性和社会规则的禁锢和压制，表现为带有攻击性、破坏性的行为。那么，当具有理性缺陷的人进入市场竞争时，怎么可能自然而然地保障经济生活的顺畅而和谐地运行呢？怎么可能出现自由、平等和公正的经济秩序呢？怎么可能自动地实现社会公共利益呢？只有正视人的理性局限性和非理性的事实，才不会一厢情愿地把希望寄托在理性人的假设上，而是诉诸有限理性和非理性人之间的相互制衡上。也就是说，意识到了自己的有限理性和非理性的人们，基于自省、自制、自我批判和自我约束，达成关于合理的经济秩序的基本共识、契约、习俗、道德、法律，以客观化的、普遍化的制度规则来约束每一个人的经济行为。

4. 社会人具有政治性和道德性

导论里曾经提到，把社会生活划分为经济、政治、文化三个领域，这是科学分析和学科分工的必要条件，但实际上，它们并不是三个互不相干的领域，它们彼此之间有无数条进进出出的通道，源源不断地相互交流和相互作用，只不过经济性、政治性、文化性分别占据主导地位而已。经济人、经济主体（如资本家、工人、雇主、雇员）也具有经济属性和文化属性，正如政治人、政治主体（如政治家、公务员）也具有经济属性和文化属性，文化人、文化主体（如科学家、艺术家、哲学家、宗教家）也具有经济属性和政治属性。每个人都同时具有经济属性、政治属性、文化属性，区别只在于比重不一样。所谓社会人，就是经济人、政治人、文化人的统一体，这个假定适用于经济学、政治学、文化学及其所有的分支学科。自由主义的“经济人假设”，摒弃经济主体的政治属性和文化属性，使之成为赤裸裸的“经济机器”或“经济动物”，不仅在理论上不能成立，还会在实践中导致严重的后果。片面追求利益最大化的人们展开经济竞争时，在没有制度和道德约束的情况下，不可避免地会出现强者对弱者的剥削，以及强者之间的对抗。这将会导致两种结果：一种是整个经济体系出现短路、堵塞和瘫痪；另一种是为了免于同归于尽，会出现一些最强者对整个市场和经济体系进行强制和管制行为，形成统制主义、威权主义和极权主义的经济体制，使自由、平等、公正的市场经济理想化为泡影。

经济主体是带着一定的价值取向、政治倾向、宗教信仰、道德信念、审美趣味等进入经济竞争过程的，它们一定会影响投资、经营、管理和劳动的态度与方式，对投入产出和成本收益的计算，对生产力的发展和科学技术的运用，对劳动生产率的提高，对土地、资本、劳动、技术、管理等生产要素的市场供求关系，对利润水平、工资水平、就业水平的确定，也就是说，经济主体会对所有的经济指标产生或大或小的影响。如果出现了扭曲的、畸形的、恶劣的市场竞争情况，各个经济主体不仅会通过经济手段，而且会通过政治的、法律的、道德的、舆论的种种手段进行纠正。经济人和经济实体不仅肩负财富的生产和交换任务，而且要负责财富的公平分配，这就必然要对交易对象、劳动者、消费者、社区和政府承担一定的道德责任和社会责任。在经济危机、大量失业、通货膨胀等导致社会危机和政治危机的情况下，还要承担直接的政治责任。孟德维尔关于“私恶即公德”的推理是不能成立的。对此，亚当·斯密辩称，他之所以在《国富论》中大胆设定个人自利行为会促进公共利益，恰好在于他拟制的经济人，与他在《道德情操论》中所设定的那个有同情心的道德人是同一个人。在他那里，经济人与道德人、《国富论》与《道德情操论》是一体两面、缺一不可的。由无道德的经济人所主导的市场经济，正是霍布斯所说的人对人像狼对狼一样的、弱肉强食的丛林状态，其结果要么是同归于尽，要么是“利维坦”的统治。正是因为有了对市场经济的道德和社会约束，越来越多以前在道德和法律上得到允许的经济行为，如使用童工，强迫劳动，最大限度延长劳动时间，就业上的性别、残疾人和种族歧视等，都遭到了禁止，使得市场经济朝着更自由、平等和公正的方向发展。

（二）非完全竞争市场假设

更加接近于真实的经济状况的，并不是完全竞争假设，而是非（不）完全竞争假设。人们发现，垄断竞争、寡头垄断、完全垄断这三种情况，即使不比完全竞争更为常见，至少也在经济体系中占有重要的地位，发挥重要的作用。当然，非完全竞争也是一种竞争，而且在其底部存在着大量接近于完全竞争的竞争，但在非完全竞争中，垄断程度是逐渐增高的。

市场类型划分和特征

市场类型	厂商数目	产品差异程度	对价格的控制程度	进出一个市场的难易程度	适用何种产业
完全竞争	很多	完全无差别	没有	很容易	一些农产品
垄断竞争	很多	有差别	有一些	比较容易	一些轻工业，零售业
寡头垄断	几个	有差别或无差别	相当程度	比较困难	钢，汽车，石油，电信
完全垄断	唯一	唯一产品，且无替代品	很大程度，但常常受到管制	很困难，几乎不可能	公共事业

1. 非完全竞争市场的形态和特点

（1）垄断竞争市场。

垄断竞争市场是这样一种市场，市场中有许多厂商，他们生产和销售的是同一种产品，但这些产品又存在一定的差别。在这里，产品差别不仅指同一种产品在质量、构造、外观、销售服务条件等方面的差别，还包括商标、广告方面的差别和以消费者的想象为基础的虚构的差别。垄断竞争市场主要具有以下特点：第一，市场上厂商数量非常多，以至于每个厂商都认为自己的行为影响很小，不会引起竞争对手的注意和反应，因而自己也不会受到竞争对手任何报复措施的影响。第二，由于市场上的每种产品之间存在着差别，每个厂商对自己的产品的价格就具有一定的垄断力量，又由于有差别的产品相互之间是可以替代的，市场中就具有竞争的因素。第三，厂商的生产规模比较小，因此，进入和退出生产集团比较容易。在现实生活中，垄断竞争的市场在零售业和服务业中是比较普遍的。

（2）寡头垄断市场。

在寡头垄断市场上，只有少数几家厂商供给该行业的全部或大部分产品，每个厂家的产量占市场总量的相当份额，对市场价格和产量有举足轻重的影响。寡头垄断市场也是处于完全竞争和完全垄断之间的一种市场结构。同垄断竞争市场一样，都是中间形态的市场，但偏向于完全垄断；同完全垄断市场相比，存在着寡头之间的竞争，其垄断程度小于完全垄断。由于厂商数目少而且占据市场份额大，不管怎样，一个厂商的行为总会影响对手的行为，影响整个市场。所以，每个寡头在决定自己的策略和政策时，都非常重视对手对自己这一策略和政策的态度与反应。作为厂商的寡头垄断者是独立自主的经营单位，具有独立的特点，但是其行为又互相影响、互相依存。这样，寡头厂商通常会通过各种方式达成共谋或协作，形式多种多样，可以签订协议，也可以行使暗默的规则。

（3）完全垄断市场。

完全垄断，又称垄断或独占，是指整个行业中只有唯一厂商的市场类型。完全垄断市场形成的原因有以下两点。

一是规模经济的需要。有些产品的生产需要大量固定设备投资，规模经济效益十分显著，大规模生产可使成本大大降低，这种由于规模经济的需要而形成的垄断，称为自然垄断；此外，当某家厂商控制了生产某种商品的全部资源或基本资源的供给时，就排除了经济中其他厂商生产同种产品的可能性，如果没有政府特殊保护的话，这样的垄断也属于自然垄断。

二是专利与专营权的控制。对于厂商的专项发明创造，政府有专门的法律加以保护，禁止其他厂商擅自使用其专利技术，在这种情况下会形成独家生产和经营的垄断。此外，政府出于公众利益等原因，对一些特定产品的生产经营做了限制，只许某家厂商生产经营，如军工生产和烟酒经营，在这种情况下也会形成垄断。

完全垄断市场只有一家厂商控制整个行业的商品供给，其生产和销售的商品没有任何相近的替代品，不受竞争的威胁，新的厂商不可能进入该行业参与竞争，因此垄断者可以独自定价并实行差别价格。但是，跟完全竞争市场一样，完全垄断市场的假设条件也很严格，实际上，除非有国家政权力量的授权和保护，民间市场经济中很难出现完全的垄断，总会有新的挑战者和竞争力量出现。严格意义上的垄断只有统制经济和计划经济，但那已经是市场经济的对立面了。

2. 非完全竞争市场假设的优势和弱点

制度经济学代表人物加尔布雷思比较详细地分析了非完全竞争相对于完全竞争的优势，他使用的概念是“市场体制”和“计划体制”。这对概念较好地解释了小企业的无计划性和大企业内部出现的高度计划性和科层化管理制度，但计划体制这个词容易与计划经济这个词混淆，反而不如使用不容易发生混淆的完全竞争和非完全竞争这对概念，毕竟，非完全竞争也是一种市场经济，而不是计划经济①。

① 加尔布雷思．新工业国，嵇飞译．上海：上海人民出版社，2012；经济学与公共目标，于海生译．北京：华夏出版社，2010

垄断在很多人心目中是一个贬义词，其实在市场经济环境中，垄断在大多数情况下无非是“集中”“合并”“资源整合”“规模经济”的意思，甚至可以带有“经济合作”的褒义。

第一，垄断来自竞争，非完全竞争来自完全竞争。市场经济的早期阶段，接近于完全竞争，无数凭着小笔资本起家的企业蜂拥而出，然后沿着个人和家族企业—合伙企业—有限责任公司—股份有限公司的方向由小到大发展起来。竞争必有输赢，一些小企业破产了，一些小企业勉强维持现状，另一些小企业，由于兼并了资本、劳动、技术、管理人才、市场份额而变大了，这是一种自然且必然的发展趋势。相反，停留在分散的、无限多元的、完全竞争的状态，反而是违背逻辑和历史规律的。

第二，大企业具有小企业所不具备的规模经济优势。一方面，大企业在市场上可以获得大规模购置原料、厂房、设备以及轻易得到贷款和社会资金等生产要素的机会和价格优惠，从而大幅度降低产品的成本，也可以降低物流和销售的成本，使长期平均成本不断下降；另一方面，大企业内部可以实行广泛而精细的分工，得到亚当·斯密所描述的那种分工带来的倍增效应，从而大幅度增加产出。这一增一减产生的优势，是小企业和完全竞争不可能具备的。

第三，大企业的利润水平和利润总量较高，有足够的资金引进先进科学技术和设备，或者进行新产品的研发，获得自主知识产权和专利权，而知识产权和专利权在一定期限内的排他性使用，可以使企业获得超额利润或自然垄断利润，这也是小企业很难做到的。据加尔布雷思的说法，美国几百家大企业贡献了绝大部分的技术创新。技术创新的一个直接后果是增加了产品和消费品，能够满足消费者更多的个性偏好。

第四，大企业管理团队的人才优势和集体决策模式，可以获得更多的市场信息，并据此做出较为科学的决策，从而避免小企业老板“独裁制”所固有的信息短缺和盲目决策的弱点，降低长期平均管理成本。

第五，大企业比小企业雇佣更大量的员工，面对庞大的消费者，与社区和政府建立更为密切的联系。固然在历史上曾经出现了大企业在社会上独断专行、横行霸道的案例，但更多的案例表明，大企业比小企业更有意愿也更有能力承担对于劳动者和公众的道德责任和社会责任，而在其拒不承担道德责任和社会责任的情况下，会成为社会和公众监督和批判的对象，这从另一方面引发了制度性条件的改革和变迁。

大企业具有的上述优势，是它们得以兼并和取代大量小企业的主要原因。当然，大企业也有自身缺陷，可以简单列举如下。

（1）规模经济效益是递减的，超过一定的限度，就会出现规模不经济，造成资源的浪费。

（2）大企业缺乏小企业那样快捷进出市场和行业的灵活性

和流动性，“船大不好掉头”，降低了资源配置的效率和效益。

（3）大企业容易达成价格密谋或者默契，抬高商品和服务的价格，损害消费者权益。同时，大企业可能为了维护既得利益，阻挠技术革新和技术革命。

（4）大企业科层制管理和集体决策制度，会拉长决策的时间，减低决策的速度，导致市场机会的流失。

（5）大企业可能通过游说立法和行政机构，制定有利于自己的法律和政策，损害公众和社会利益。

正是因为大企业具有上述缺陷，所以给了无数小企业兴起、存在和发展的空间，也提供给社会公众和政府制衡大企业的理由。严格来讲，大企业与小企业、完全竞争市场与不完全竞争市场，不是非此即彼、你死我活的关系，而是长期共存、互相竞争的关系。

（三）制度经济学基本预设在劳动经济学中的应用

社会人和非完全竞争市场的假设，也在制度学派劳动经济学中得到了应用。

1. 根据社会人假设，作为经济主体的劳动者，不能被简化为劳动力，而是带着全部历史、社会、文化心理属性进入市场的

（1）劳动者不是挣钱的机器，不是拼命干活使工资最大化的经济动物，或尽量少干活多拿钱的利害算计者和投机取巧者，他具有完整的人格，除了希望获得尽可能多的收入外，同时也要考虑职业的体面、工作的安全，也希望得到老板或管理者、工作伙伴和其他人的尊重，建立良好的人际关系，在工作过程中成为能工巧匠，不断提升自己的劳动技能。因此，他不会谁给钱最多就给谁干活，而不管干什么、怎么干，他在选择或接受职业时会考虑综合的效用，尤其是在工资收入能够保障自己的体面生活时，会更多地考虑非工资的、非物质的、非经济的效用。这与现代管理学的社会人假设是完全一致的。

（2）劳动者不是一个原子化、单子化的孤零零的个体，他带有客观的社会联系和主观的社会情感，会努力建立工作中的伙伴关系，寻求经济利益层面上的联合关系，与自己同一地位、同一命运的劳动者形成集体意识、阶层意识和阶级意识，在社会结合之中寻找自己的身份认同和精神归属。

（3）劳动者并不具有充分的理性和完善的德行，正因为如此，在复杂的劳动力市场中，在强大的资本力量面前，在严格的工厂管理体制中，他会感到软弱无力、茫然无措，也正是因为意识到了这一点，他会寻求同伴的帮助，与同伴们联合和团结起来，以集体行动的力量改变个人被支配的地位和被主宰的命运。

（4）劳动者具有政治性和道德性。他的政治就是捍卫与争取自己的权利和利益、反抗剥削和压迫的政治，他的道德就是团结起来追求自由、平等和公平正义的道德。

2. 根据非完全竞争市场假设，劳动力市场本来就是一个资强劳弱的、严重倾斜的和不平衡的市场，因此应当通过劳动者的联合和团结来实现劳动和资本之间相对平衡和均衡的关系

（1）劳动者作为孤立的个体进入劳动力市场并与某一企业形成劳动关系时，资方已经是一个组织，成为相对个别劳动者具有垄断优势的博弈对手，而劳动者只不过是处于劳动力完全竞争状态中无足轻重的一分子。这就是说，劳资之间的竞争是一种非完全竞争，而并非自由平等的均衡关系。这就需要个别劳动者联合起来成立工会，以劳动力的某种垄断形式来反制资本和企业对劳动者的垄断地位，以劳资集体谈判的劳动力定价方式替代劳动力个别定价方式。这一点完全符合垄断竞争和寡头垄断的原理。

（2）大企业内部实行科层管理制度和广泛而精细的分工，需要来自劳动者的高度配合，需要劳动者具有相对稳定性，需要绑定劳动者的专项性人力资源，这样的劳动者，其实比分散且不能介入企业经营管理过程的投资者和股东，与企业有着更为密切的利害关系。对于分工带来的劳动生产率的倍增效应和合作剩余，劳动者也有其不可磨灭的贡献，劳动者有权分享企业的利润。这都需要通过工会和集体谈判来与资方建立合约。

（3）大企业同时意味着大量劳动者和大工会，一个大企业中成千上万乃至上百万的劳动者，不可能没有自己的发言权和参与决策权，这种来自企业内部的制衡比来自企业外部的制衡更有力、更有效。没有这样的参与、监督和制约，拥有巨大决策权力的管理层损害劳动者、投资者、消费者乃至公众的利益就会变得十分容易。

（4）工会化大企业会产生一种威慑效应，促使小企业也允许建立工会，或者参照大企业的集体谈判合同，提高其雇员的收入水平、改善其劳动条件。

（5）全国性的工人运动会形成一种政治力量和政治效应，影响国家的立法和政府的政策，使之抑制大企业、大资本的权力和贫富两极分化，平衡全国范围的劳资关系。

（四）所有者经济学和工人经济学可能的融合

从以上的论述可知，新古典劳动经济学基本上代表的是资本所有者和企业家的利益和价值取向，而制度学派劳动经济学基本上代表的是劳动者、工人的利益和价值取向。它们的视角、立场、价值观、基本观点和方法都大不相同甚至可以认为是对立的。但二者也不乏共通之处，如都认同自由、平等、公正的基本理念，都认同市场经济制度，只不过它们侧重和强调的方面不一样而已。经过一百多年的竞争开始走向融合。

罗纳德·伊兰伯格和罗伯特·史密斯合著的《现代劳动经济学》，专辟第13章（倒数第3章）“工会和劳动力市场”，把制度经济学的内容引入新古典模型，篇幅多达62页，详细介绍了工会、集体谈判和罢工的内容，以及工会对工资率、总薪酬、就业、生产率和利润的影响，并且持有比较正面的评价。皮埃尔·卡赫克、安德烈·齐尔贝尔博格合著的《劳动经济学》，专辟第7章（倒数第6章）“集体谈判”，篇幅达60页，也详细讨论了工会、集体谈判、罢工和仲裁并对之持正面评价，此外还专辟第四篇（包括第11章、第12章）讨论了“制度与经济政策”，包括劳动力市场政策、最低工资制度、就业保护等，明显融合了制度经济学的内容[①]。这些著作虽然还没有能够把新古典劳动经济学和制度学派劳动经济学融为一体，但把工会和工人运动放在“劳动力市场”这个框架之中来论述，比放在“劳动力市场”构架之后或之外来论述，已经是一个很大的进步了。

如前所述，我国大多数劳动经济学教材是照搬新古典模式，不过也有少数学者意识到了制度学派的重要性。杨河清主编的

---

① 罗纳德·伊兰伯格、罗伯特·史密斯．现代劳动经济学（2003），刘昕译．北京：中国人民大学出版社，2007；皮埃尔·卡赫克、安德烈·齐尔贝尔博格．劳动经济学（2001），沈文恺译．上海：上海财经大学出版社，2007

《劳动经济学》指出，“劳动经济学是社会经济运行的必然结果。美国在第一次世界大战后，经济发展异常迅速，工业产量已居世界首位，成为市场经济最发达的国家。随着经济的发展，工人阶级队伍不断壮大，工会力量日益增强，劳资关系出现了空前紧张的局面，大规模的罢工行动对工业生产造成了很大威胁……正是在这种客观条件下，制度学派才建立这门独立的经济学科，企图用制度的不完善来解释资本主义社会的阶级矛盾，并用劳资合作的原则来解决劳动问题”；“早期的劳动经济学主要涉及劳动史、集体谈判、工会组织管理、社会保险、劳动报酬、劳动时间和劳动法等”。[①] 该书在引进新古典劳动经济学的基本框架的同时，也很重视劳动关系：“劳动经济学以经济学的一个极其重要的特殊领域，即以劳动力资源的开发与优化配置为研究的核心对象，围绕劳动力市场和劳动关系展开分析、研究，进行解释。劳动力市场中的劳动力需求与供给、劳动的投入与劳动生产率、工资与就业、市场性劳动与家务劳动等问题与现象，以及影响劳动力市场运行和劳动关系变化的市场性因素、制度性因素、社会性因素，是劳动经济学考察与讨论的主要范畴。”[②] 劳动力市场的特性是劳动力商品在劳动力市场中

---

① 杨河清．劳动经济学．北京：中国人民大学出版社，2006：422

② 杨河清．劳动经济学．北京：中国人民大学出版社，2006：6

处于明显的弱势地位，这一特性“在现实中导致了与失业、恶劣的劳动条件、低工资、收入差距过大等有关的一系列社会经济问题的产生与发展。为解决这些问题，各种各样的法律、法规、政策以及工会制度和活动介入劳动力市场中来，形成制度化的劳动关系。劳动经济学研究中最令人关注的是市场上的各种力量、制度、政策。换言之，阐明市场与人的结合关系是劳动经济学最根本的任务”。[①]

摆在本书面前的任务是，如何在前辈们探索的基础上，从劳动者的视角出发，以社会人和非完全竞争市场为基本预设或逻辑起点，进一步把新古典劳动经济学的合理内核融入制度学派劳动经济学，把所有者经济学的合理内核融入工人经济学。

① 杨河清．劳动经济学．北京：中国人民大学出版社，2006：8

第三章

工人经济的初级形态

原子化劳动力市场和个别化劳动关系

在市场经济的初级阶段，的确普遍出现了原子化的劳动力市场与单个企业和单个工人建立的个别化劳动关系，无数劳动者从农村涌入城市寻找就业机会，彼此之间展开激烈竞争，大部分人被同样相互竞争的企业所雇佣，剩下的人或者返回农村，或者留在城里成为失业贫民，以各种方式维持生存。古典、新古典自由主义经济学和劳动经济学，正是依据这种情况做出了经济人和完全竞争市场假设的。制度主义劳动经济学和工人经济学也看到了这个历史阶段的存在，区别在于，自由主义经济学对这个阶段持肯定态度并且抽象出一个理想模型，只需要按照这个模型去修补现实就可以了，而制度主义经济学和工人经济学对这个阶段持批判态度，认为它应该被更高的发展阶段所取代。

一、原子化劳动力市场和个别化劳动关系

（一）原子化劳动力市场

所谓原子化劳动力市场，就是在劳动力供需关系的两端，

劳动力的买者和卖者都分别处在近乎完全竞争的状态。

1. 完全竞争的劳动者和完全竞争的企业

一方面，在早期工业市场经济和资本主义经济阶段，劳动力供过于求，农民离开故乡来到陌生的城市，在谋生的紧迫性的驱使下，为获得一份工作或出卖劳动力的机会而展开竞争，不可能存在任何形式的联合、团结和组织，因此也不可能出现某一个劳动者组织对于劳动力的“垄断”和对于资方的“联合叫价”。单个劳动者到劳动力市场去，通常没有讨价还价的条件和能力，能够找到一份工作并获得一份基本生活资料就谢天谢地了。

另一方面，资本则处于求大于供或稀缺的状况，企业规模都很小，谁也控制不了谁，众多企业为了占据更多市场份额、积累更多资本、扩张更大规模而展开激烈的竞争。在这种情况下，它们不可能也没必要形成一种对劳动力的“买方同盟”，反正廉价劳动力有的是，工资已经是“地板价”、是赤裸裸的生存工资，没有进一步压缩的空间了，否则劳动力的正常使用以及劳动力的简单再生产也就难以为继。

这种劳动力买卖双方都处于完全竞争的状况，正好是自由主义经济学完全竞争模型的原型。在经济自由主义看来，在完全竞争状况中，每个人，不管是老板还是工人，都是自由而平等的，因而也是符合社会正义的。

2. 劳动者被剥除了一切社会联系和社会属性，变成了光秃秃的经济人和劳动力的自由而平等的出卖者

美国学者泰尼鲍姆在《真正的社会：一种劳动哲学》中极为生动而准确地描述了劳动者的这一去集体化、去社会化的过程：

> 在古代和中世纪，行会（guild）是一种极为重要的社会共同体。它取得了两方面的成就：一是实现了行业自治，二是参与了市镇民主自治。重要的是，行会不仅仅是一种经济组织，还具有宗教的、道德的、精神的、社区的、政治的、法律的功能，是一种生活方式。在中世纪的农村，起着与行会相似的社会性功能的“社会性事物”是庄园（manor）和村庄（village）。庄园和村庄是所有成员参与其中的共同体，古老的习俗调节着人们从摇篮到坟墓的生活——指定捡拾物、耕地、农作物的收获和动物的饲养，还有婚配、继承、教堂活动和教堂节日，等等；规定每一个人的权利和责任。它们不仅是司法共同体，而且是宗教共同体；不仅是一个经济机构，而且是一个社会机构，把自己的影响施加于其居民的全部生活之上。
>
> 在行会、庄园、村庄中，成员资格（membership）对人的保护贯穿他的一生，给他以和平和安宁，从此产生出

> 中世纪的艺术和技艺。人的生活差不多是一个统一的整体，成为一个完整的社会的成员保护和提升了个人的尊严，给予每个人以他自己特殊的角色。每一个人，每一个行动，都是整体生活戏剧的一部分，这个生活戏剧的情节是可知的，分配到每一个人的部分是被规定好的。没有一个人是孤独的和被抛弃的。他的个性和他的抱负在习惯法的范围内得到了实现——这些习惯法是由他归属其中的共同体制定的①。

圈地运动、农业革命和工业革命毁坏了这一切。成员资格没有了，习俗的保护没有了，劳动者现在只能依靠他的工资生活——如果他幸运地得到了一份工作的话。工业革命一般而言对所有个人所做的事、特殊而言对劳动者所做的事，就是毁坏他们的“社会”和破坏他们赖以生活的习俗，使他们成为除了自己的劳动力以外一无所有的“自由人”。传统的“身份”社会解体了，而所谓工业社会，无非是一些孤独的、相同的、无依无靠的个人组成的集合体而已。问题不仅仅在于工人失去了经济安全和保障，而且在于被贬低成了“经济人”“人手”，而不再是一个“社会人”了，工人作为劳动者的价值在机器面前

① Frank Tannenbaum, The True Society, A Philosophy of Labour, New York, Knopf, 1951, p. 30

降低了。

面对传统共同体的崩溃，自由主义、个人主义、经济主义、工业主义一片欢呼雀跃，他们相信个人获得了前所未有的自由和平等，每个人只需要尽其所能地去追求自己的利益就可以了；他们相信个人之间的竞争必定会导致社会福利的最大化，至于一些人在竞争中暂时失败并陷入贫困，这是不可避免的灾难和代价，可以被资本的积累和就业的增加、生产和财富的发展、新发明的诞生自然而然地化解。

（二）个别化劳动关系

1. 个别劳动关系形式上具有自由平等特征，废止了不自由不平等的奴役劳动

在原子化劳动力市场上，单个的劳动者与单个的企业（雇主）、劳动力的卖者和买者，基于自愿原则达成买卖契约，形成口头的或书面的劳动合同，建立起劳动者个人与雇主之间的关系，就叫作个别劳动关系。

个别劳动关系形式上具有自由而平等的特征，排除和禁止暴力、欺诈、强制、奴役。劳动关系的形成，不论是书面或口头，明示或默示，其基本的要求都是当事人双方自愿形成合意，即劳动者自愿向雇主出卖或让渡劳动力，雇主向劳动者支付工资。从传统民法的视角来看，这完全是一份公平合理的劳动力

买卖的双方有偿合同：劳动者履行提供劳动的义务，雇主履行支付工资的义务。究竟以怎样的劳动条件——包括工资待遇、劳动环境、休息休假、社会保险等——缔结劳动合同，取决于双方当事人的自由合意。在劳动法诞生之前，民法所调整的劳动关系即是以“雇佣合同”的名义而适用民法规定和原则的。

2. 个别劳动关系具有实质上的从属性和不平等性

个别劳动关系中的劳动是一种“从属劳动”，个别劳动关系的本质是一种“从属关系”，包括人格上的从属性和经济上的从属性。前者主要体现为劳动者要服从雇主的工作规则、指示和命令，接受雇主的监督、检查和制裁；后者主要体现为劳动者既不是用自己的生产工具从事生产劳动，也不能用指挥性、计划性或创造性方法对自己所从事的工作加以影响。对这一点，自由主义也是承认的，不过认为这具有自然而然的正当性，属于合理的社会分工。

对于这一点，不仅马克思主义表示反对，主流社会法学和劳动法学也持批评态度。马克思最早提出市场条件下工人与资本的关系是一种实质不平等的“从属关系”，揭示了以资本为中心的市场化的劳动关系中，劳动的从属性或从属劳动的特质。从属劳动的理论，成为劳动法构建的基础理论和基础概念，也正是基于这一特点，构成了劳动法对民法的挑战，并使劳动法具有了“从属劳动者的保护法”的性质。

以劳动从属性的理论为基点来构建劳动法理论体系，最早是在德国提出并展开的。在德国法律中，民法的雇佣契约与劳动法的劳动契约是严格区分的，区分的基本标准即是看其是否存在从属劳动。日本的劳动法理论主要从德国引进，而从属劳动作为劳动法学的基础理论和基础概念，历来是日本劳动法学界的基本命题。关于从属劳动的理论，在日本法学界主要有阶级从属说、人格从属说、组织从属说、经济从属说等诸多学派。但不管各学派强调的重点为何，以从属劳动作为劳动法的研究对象，则是共同的出发点或结论。

从属劳动的理论，对中国市场经济劳动法学理论的建立有着重要的意义。在计划经济向市场经济过渡的过程中，随着市场化劳动关系的形成，人们只注重劳动者可以以劳动力所有者的身份自由签订劳动合同，却忽视了劳动者作为劳动力所有者在劳动力市场上只能从属于资本。市场化的劳动和劳动关系，即是雇佣劳动和雇佣关系，而劳动的从属性，则是雇佣劳动最本质的特征。在市场条件下，劳动者对于劳动力的处置，只能屈就于劳动力市场的需求和价格；劳动者的劳动，也并不是真正自主的劳动，而是在经济上、人格上和组织上都必须从属于雇主的雇佣劳动。劳动的从属性或从属劳动，是决定和影响劳动者权利以及权利实现方式的基本因素。如果忽略这一因素，就无法把握个别劳动关系的基本特征。

从属劳动对于个别劳动关系的影响，直接体现在确定个别劳动关系的劳动合同中。劳动合同从形式上看是一种平等契约，即由劳雇双方自主签订，但在实际当中，由于劳雇双方在地位和身份方面的差别，劳动合同从签订到实施，根本无法做到对等。劳动合同实际上是一种不对等的从属性契约①。劳动合同从订立开始到实施，劳动者始终处于一种从属的地位。这不仅表现在劳动者签订劳动合同只是对于雇主招募工人之“应募”，而且，以劳动合同订立为标志的劳动关系成立，其意义也在于将劳动者纳入雇主的经济组织和生产结构中，成为这一组织的隶属者。劳动合同实际上是对于这一从属或隶属关系的法律认可。

首先，劳动合同的从属性表现在劳动合同的内容一般都是由雇主单方面确定的。对于劳动合同的内容，劳动者无法提出自己的意见，甚至难以了解合同的内容。劳动者的权利，只是签与不签的选择。按照中国劳动法的规定，劳动合同规定的劳动标准不得低于国家劳动标准，为保证这一标准的实施和节省成本，劳动合同有定型化和格式化的趋向，这一趋向尽管有促进劳动标准实施并降低合同成本的积极意义，但许多雇主却利用这一规定，将劳动合同中的劳动标准压至最低，而对于劳动

---

① 黄越钦．劳动法论．台湾政治大学劳动者研究所，1994：90

者的义务，却规定得详尽备至。

其次，劳动合同的从属性还表现在劳动合同所特有的“附合契约”上。劳动合同的“附合契约”有各种称谓，如所谓“工作规则”“工厂规则”或“就业规则”等。在中国一般称“企业规章制度”“员工手册”。“附合契约”的具体内容一般不在劳动合同中列明，劳动者在劳动合同签订之时，也并不清楚“工作规则”或“企业规章制度”的具体要求。但在劳动合同签订之后，“工作规则”便成为规范劳动者和企业之间行为的基本依据①。

二、劳动者的真实境遇

从经济人和完全竞争市场假设出发，原子化劳动力市场和个别化劳动关系，彻底排除了资本领域和劳动力领域中的垄断，为经济发展提供了一个自由平等的竞争平台，在这里，谁也不能任意抬高或者降低劳动力价格，劳动力的市场供求关系、劳动力的自由流动，会自动纠正不平衡的情况，使供给曲线和需求曲线相交于某一个平衡点上。在这一点上，市场出清，土地、资本、劳动等各种生产要素分别得到其应得的报酬，这里没有

① https：//baike. sogou. com/v48935569. htm？fromTitle＝个别劳动关系

剥削、欺诈、掠夺和压迫，如果出现这些现象的话，那也只是个别情况，市场本身对它们具有清除功能，来自社会道德舆论和来自国家的立法、执法和司法行动，也会予以强有力的压制。这令人想起德国哲学家莱布尼兹单子论中的先定和谐，只不过先定和谐得到了上帝的允诺，而市场均衡则得到了供求规律和价格法则这只“看不见的手”的保证。

然而，马克思主义、社会民主主义、制度主义等其他经济学分别从不同的角度揭示了资本主义劳动力市场和劳动关系，固然把劳动者从封建领主和行会的人身控制中解放出来，使劳动者获得了劳动力所有权和出售权、流动权和迁徙权，以及一定的自由和平等，但其自身中也隐藏着新的不自由和不平等，甚至隐藏着惊人的剥削、欺诈、掠夺和压迫。

（一）原子化劳动力市场和个别化劳动关系中的不平等

1. 企业是高度组织起来的整体，而劳动者是孤零零的个体

自由主义经济学正确地看到在原子化劳动力市场和个别化劳动关系中，供需两头、资本和劳动两个领域中，分别不存在垄断的情况，却没有看到，买者是有组织的企业而卖者却是无组织的个人这个事实。资方、企业是高度组织化的，有企业主，有中高层管理者，有工头，有保安，还能够得到法律的保护，而工人的组织行为却被视为非法密谋和非法结社；资方、企业拥有排他性的财产所有权、经营管理权和分配权，而工人只有劳动力所有权，一旦出卖，其支配权、使用权和部分收益权必须让渡给资方和企业。这里明显存在着资方对企业所有权、经营管理权和分配权的垄断，以及对工人劳动力单方面的控制权。劳动者可以选择不进入某一个企业，也可以退出某一个企业，在这一点上他是自由的，但他不可能自由地不进入任何一个企业。劳动者一旦进入某个企业，在这个企业中，他就是不自由和不平等的：他是不自由的，因为他根本不能参与企业的经营管理分配的决定过程，只能被动地服从；他是不平等的，因为他根本不具有与资方讨价还价的权利和能力。他只能消极地“用脚投票”，但天下乌鸦一般黑，他离开了这个企业，又不得不进入另一个企业重蹈覆辙。

2. 在整个劳动力市场上，资方享有劳动力定价权，而劳动者只能被动地接受

在一个企业内部，资方决定收入的分配。自由主义经济学辩解说，不是资方在任意决定工资即劳动力价格，而是竞争性市场中的供求关系在决定劳动力价格，某个企业单方面提高工资，就会在竞争中处于不利地位，陷入亏损甚至破产的困境。这是把结果当成了原因，从而得出“现实的就是合理的”的结论。深入分析一下可知，在劳动力供求关系决定工资这种看似客观的、不以人的意志为转移的机制后面，隐藏着一个非常主观的选择，那就是从利润最大化的要求出发，所有企业不约而同地把劳动力成本和价格压到最低水平上，即使劳动者及其家属勉强维持基本生存所需费用。试问这样一条工资决定原理究竟是从何得来的呢？如果按照自由、平等和公正的市场经济原理，应该按照劳动力这个生产要素对企业利润的贡献来决定工资水平，才是正确的。

3. 在工厂专制制度下劳动者沦为被最大化利用和用过即扔的生产工具

在早期市场经济阶段，由于资方享有垄断性、专制性管理权力，劳动者不是被当作人格平等的主体和共同创造价值的伙伴来尊重的，而是被当成单纯的劳动力提供源、生产要素、生产工具、成本要素来对待的，一旦损耗得差不多了，就会被迅速废弃。

第一，资方最大限度地延长劳动时间，西方资本主义萌芽初期，工人劳动时间长达16个小时，经过将近百年的斗争，才确立了八小时工作制。

第二，恶劣的工作条件和工作环境，长期缺乏劳动安全卫生保护。

第三，制定严苛的工厂管理条例或员工手册，对工人的抗争或懈怠予以罚款、降职、降薪、解雇、开除等惩罚，被解雇和开除者得不到任何经济补偿。

第四，残酷压榨童工和女工，只支付给他们大大低于成年男工的工资。

第五，不提供工伤职业病、失业、医疗、生育和养老保险。

（二）劳动者在原子化劳动力市场和个别化劳动关系中的非社会化和非精神化生存

1. 劳动与资本的关系、工人与企业的关系，简化成为赤裸裸的货币关系

从村社、行会等传统的共同体中摆脱出来进入工厂的劳动者，同时也摆脱掉了身上的种种社会联结和社会纽带，作为孤立的个体和赤裸裸的劳动力，加入新的共同体之中，但这个新的共同体是一个机械共同体而不是一个有机共同体，不具有“社区”“社群”“社会”的价值和意义。劳动与资本的契约是一纸劳动力买卖合同，劳动者与企业的关系是纯粹的金钱交换关系，而且是一种彼此利用的、零和博弈的关系。工人在企业中没有受到平等尊重，对企业也没有认同感和归属感，对企业的长远发展没有责任感，不可能把企业当作命运共同体和自身存在的家园。

2. 工人之间的关系也是一种去社会化、非社会化的疏离关系

为了强化工人的原子化、防范工人的联合和团结，工厂的生产程序和管理制度被有意设计成为物化的、外在联结的关系，每个人被长期固定在某一个岗位上，日复一日年复一年地重复某几个动作，不需要与其他工人之间的协作。工人没有什么工间休息时间，如果有的话，也只是在工位上打个盹，而没有共同的休息和交流的场所。下班之后，年轻工人被安排在工厂提供的宿舍里居住生活，同一个宿舍不同班次的工人没有什么机会见面，彼此像陌生人一样；即使同一班次的工人，在工作十几个小时后也只想通过睡觉恢复疲劳至极的身体，根本没有交流的欲望。

3. 劳动和生活过程成为纯粹谋生的过程，完全失去了文化属性和精神意义

劳动首先是谋生活动，但同样在一定程度上具有自我实现的功能。然而，在原子化劳动力市场和个别化劳动关系中，劳动仅仅是为了挣钱养家的活动。既然人的自主性、创造性和社会性都得不到表现，那么，“劳动对工人来说是外在的东西，也就是说，不属于他的本质的东西；因此，他在劳动中不是肯定自己，而是否定自己，不是感到幸福，而是感到不幸，不是自由地发挥自己的体力和智力，而是使自己的肉体受折磨、精神遭摧残。因此，工人只有在劳动之外才感到自在，而在劳动中则感到不自在，他在不劳动时觉得舒畅，而在劳动时觉得不舒畅。因此他的劳动不是自愿的劳动，而是被迫的强制劳动，因而他不是满足劳动需要，而只是满足劳动需要以外的需要的一种手段。劳动的异化性质表现在，只要肉体的强制或其他强制一停止，人们就会像逃避鼠疫那样逃避劳动。外在的劳动，人在其中使自己外化的劳动，是一种自我牺牲、自我折磨的劳动”。① 这样的劳动丧失了崇高感、自我实现感和美感，而成为纯粹维持生存和为他人服务的手段。

三、劳动力市场中的剥削

剥削问题是经济学、劳动经济学、工人经济学中一个关键问题。马克思在劳动价值论的基础上推导出剩余价值论：劳动者创造了全部商品价值，但他们只以工资的形式得到他们所创造的价值的一部分，剩下的部分被资本家无偿地占有了，这种无偿占有就叫作剥削；剩余价值在各个职能资本家之间进行再分配，便转化为资本的利润。与此相反，自由主义经济学家否认剩余价值，否认剥削，认为各个生产要素按照它们对产品和价值形成所做的贡献得到其应得的部分：劳动得到工资、资本得到利润、土地得到地租；资本利润来源于资本要素对生产的贡献，来源于资本家的勤劳、节俭、冒险、创新和经营管理，不存在对工人的剥削。

① 马克思恩格斯全集（第42卷）．北京：人民出版社，1979：93－94

制度主义和社会民主主义的工人经济学对剥削问题的看法处于这两个极端之间。

（一）剩余价值的三种含义

要搞清楚剥削问题，首先要搞清楚剩余价值问题。学者们经过研究发现，剩余价值概念并不只具有马克思主义政治经济学下的一种解释，而是存在着多种含义。

1. 剩余价值的第一种含义

任何一个社会都必须拥有某些满足人们最基本生存需要后的剩余产品，用以解决人类生存和发展中面临的两个不可回避的重大问题：一是满足安全的需要，二是满足发展的需要。安全的需要是基本生存需要的延伸，实质就是在较长时期内保持生存的需要，需要未雨绸缪储备一些生活资料，以应对未来有可能发生的变故、灾祸和危险。除此以外，人类不会始终停留在某一生存水平，而是希望生存质量得到不断改善和提高，客观上需要把一部分人从直接物质生产过程中分离出来，让他们从事劳动工具的改进和发明，进而又让他们从事专门的社会管理和精神文化创造，这部分人的生存问题必须由全社会人提供的剩余产品来解决。即使在原始社会，也有少量通过节制眼前消费欲望而积累的剩余产品，为了得到这部分剩余产品，原始人类甚至不惜牺牲部分人的生存权利，如集体遗弃孱弱的儿童、伤残的成人和失去劳动能力的老人。我们把这种剩余价值叫作剩余价值 1。

2. 剩余价值的第二种含义

在进入生产过程之前，各生产要素的价值是一定的：资源、资金、设备、经营管理、劳动等要素的价值量可以按购买它们的价格计算出来。进入生产过程后，这些本来分离的生产要素发生了一系列相互作用和“化学反应”，结果可能会出现三种情况：整体之和小于各要素的简单相加，这意味着生产出次品和废品，从而导致亏损；整体之和等于各要素的简单相加，基本上等于白干，最多只能维持简单再生产；整体之和大于各要素的简单相加，这意味着出现了一部分新增价值，即补偿各要素价值后的剩余额，或者叫作利润。毫无疑问，只有第三种情况才能成为人类生产追求的常态（扩大再生产），因此可以说，追求剩余价值或利润是人类物质生产的本质特征和经济发展的根本动力。我们把产品中所包含的超过投入生产过程的各生产要素价值的那部分价值，叫作剩余价值 2。与剩余价值 1 一样，剩余价值 2 本身也与剥削无关；问题不在于要不要生产剩余价值 2，而在于如何分配剩余价值 2。

3. 剩余价值的第三种含义

在生产过程和生产关系中，不同生产要素的拥有者具有不同的地位，投资者、经营者、管理者，利用自己对物质资料生产过程的控制权和支配权，除了得到按其生产要素贡献应该得到的那部分价值外，无偿占有了由处于弱势地位的劳动者生产出来并且应该归他们所有的一部分价值。马克思认为，这种情况普遍存在于奴隶社会、封建社会和资本主义社会："凡是社会上一部分人享有生产资料垄断权的地方，劳动者，无论是自由的或不自由的，都必须在维持自身生活所必需的劳动时间以外，追加超额的劳动时间来为生产资料的所有者生产生活资料。"① 我们把经济上处于强势地位的人从经济上处于弱势地位的人那里无偿占有的一部分产品和价值，叫作剩余价值 3。从历史演进过程来看，正是在剩余价值 1 的基础上，从劳动活动中分化出来投资经营活动、社会管理活动和文化创造活动，实现了社会分工；正是在剩余价值 2 的基础上，产生了剩余价值 3：劳动者只得到事先约定的维持基本生存的工资，至于劳动与其他生产要素相互作用形成的合作剩余，则被投资者、经营者、管理者独占了。

但这个定义与马克思的定义并不完全一致：固然，剩余价值的确是劳动者失去而由非劳动者无偿占有的价值，的确是非劳动者对劳动者的剥削；但是，剥削这一事实的成立并不以像马克思那样假定劳动者创造了全部价值为前提，事实上，投资

① 马克思．资本论（第 1 卷）．北京：人民出版社，1958：263

者、经营者、管理者也参与了价值和剩余价值 2 的创造，也应该得到一份报酬。问题的关键和核心不在于非劳动者完全不创造价值而劳动者创造了所有价值，而在于，在原子化劳动力市场和个别化劳动关系中，由于非劳动者利用手中所掌握的对物质资料的生产、交换和分配过程与社会生活过程的控制权，原子化、个别化的劳动者缺乏任何反制的手段和力量，导致非劳动者剥夺了劳动者一部分应得的报酬。

因此，工人经济学也像马克思一样指认剥削的存在，但认为剥削的程度没有那么高，因为应该从马克思的剩余价值中扣除其他生产要素对合作剩余所做的贡献。但工人经济学绝不同意自由主义经济学把合作剩余全部归于投资者、经营者和管理者并坚决否认剥削存在的观点，为此需要对合理利润的来源和剥削的原因做更进一步的分析。

（二）合理利润是非劳动性生产要素的必要报酬

马克思认为，剩余价值全部由劳动者创造，其在各个职能资本家之间的分配，就叫作利润。这就在剩余价值 2 和剩余价值 3 之间画了一个等号。但是，各生产要素对剩余价值 2 都有贡献，马克思所认为的资本家获得的剩余价值或利润，并非全由剥削得来，有相当一部分来自资本和资本家对生产的贡献，因而是合理的和应得的。

1. 资本家本人的劳动

早期的资本家同时也是生产劳动者，他往往只雇佣少数的工人，甚至只“雇佣”自己和自己的家人。他身先士卒、赤膊上阵，其劳动的强度和劳动时间的长度，甚至超过他的雇员。他们通常没有节假日，甚至连白天和夜晚的界限也是模糊的。他们或早起晚睡、披星戴月，或抛妻别子、长途奔波，付出比一般人更多、更辛苦的劳动。成为大资本家的人，很多都经历了这样一个白手起家的创业过程。但资本家并没有给自己开工资，他的工资全部包含在利润中了；如果扣除这一部分工资的话，他的利润量就会相应减少。

2. 资本家的投资经营管理活动

资本家的投资经营管理活动，是指资本家的融资筹资、投资决策、经营项目和经营方向的确定、市场定位和市场营销方略的制定、企业长远发展规划的制订、生产流通过程的指挥和协调等。早期的资本家同时也是企业家，现代经济学家则把“企业家才能”当作一个独立生产要素，并要求给予较高的报酬，这不是没有道理的，因为投资经营活动确实能创造出很大的价值和效益。在同等数量和质量的生产资料、设备、技术和劳动力的条件下，不同的投资经营管理活动会产生非常不同以至截然相反的效果，于是一些人惨淡经营、停滞不前，一些人破产了，另一些人则取得了极大的成功。给投资经营管理活动适当的报酬，是合理利润的来源之一。

3. 资本的风险报酬

资本运营过程是有风险的，包括投资决策风险、生产经营风险、技术风险、劳资冲突风险、安全生产风险、市场风险和社会风险（如战争、社会动乱、革命、国际争端等）。让投资者得到一个比银行存款利息更高的回报以抵偿经常发生的风险，增强企业抗御风险的能力，应该视为维持简单再生产和扩大再生产的基本条件。这种较高的回报又叫作风险利润。反过来说，如果投资创业所得之利润完全与银行存款利息相等，那么，就没有人去投资创业了。让资本得到合理的利润，固然会鼓励资本家加大投资力度并给他们创造更多财富，但与此同时，整个社会也因此而获利；反之，取消风险利润，固然使资本家受到损失，但整个社会也将蒙受更大的损失。

4. 资本家把科学技术转化为生产力的贡献

在其他条件同等的情况下，由于采用了知识含量不同的生产工具和生产技术，会生产出质量和数量上不同的产品，因此也获得了不同的利润。资本家、企业家采用先进生产工具和先进技术而提高劳动生产率，一般而言是通过企业内部创新和外部买进两种途径。在第一种情况下，企业自己雇佣一批科技人员，专门从事新机器、新技术、新产品的研发。这里固然存在对研发人员剩余劳动的剥削，但研发投资也是一种风险投资——如果研发费用过高、研发时间过长甚至研发没有结果，或虽然研发出来新产品，不能适销对路，就会使整个企业陷入巨大的财务危机，甚至导致破产，因此这种风险投资应该得到一定的风险利润。在第二种情况下，企业从外部买进新机器、新技术、新设计，那么，这是一种市场交换行为：发明家和专利拥有者转让其知识产权，资本家支付一定费用，这里很难说有什么剥削成分；专利拥有者自己投资办厂，未必能够取得比这种知识产权转让更好的回报，而资本家买进知识产权，固然有可能获得较高的利润，同样也要冒一定风险。资本家和专利所有者取长补短，共同把新的科学技术应用于生产过程，并且双方都得到好处，同时也给社会带来了贡献，在这里，并不存在资本家对本企业工人的剥削。

（三）不合理的利润来源：直接剥削和间接剥削

1. 直接剥削：对劳动者所创造的剩余价值的无偿占有

Exploitation，本义为开发、利用，后引申为一种旨在获得他人剩余劳动和剩余价值的剥夺和压榨。我国学者杨尧钟给出的定义是："剥削是一种社会行为，是指社会上一部分人或集团凭借其经济和其他社会条件的优势而对他人资源（含人力、物力）予以利用从而获得了剩余索取权的活动。"① 剥削所得就

① 转引自郭金龙、李翠玲．聚焦：劳动价值论在中国理论界．北京：中国经济出版社，2003：297

是上文所说的剩余价值 3。劳动者对剩余价值 2 的创造做出了巨大的贡献，但他们得到的只是他们所创造的总价值中相当于补偿劳动力耗费或事先约定的劳动力价格的那一部分，超出这一部分的价值即剩余价值 3，被资本家无偿占有了。

在资本与劳动的初始关系中，在原子化劳动力市场和个别化劳动关系中，由于资本是主要生产要素，由于组织化的资本处于强势和优势地位，而分散的劳动处于劣势和弱势地位，由于资本取得买方市场的主动地位，而劳动处于卖方市场的被动地位，因此，资本确实拥有对劳动者剩余劳动的索取权，劳动者的部分劳动确实被资本家无偿占有了。按马克思的计算公式，工人每天劳动 12 小时，创造了 6 先令的价值，其中 3 先令用来补偿资本家预付给他的工资（必要劳动），剩下 3 先令就是被资本家无偿占有的剩余劳动、剩余价值或剩余产品，剩余价值率达到 100%。但如果扣除利润中上述四种合理成分的话，剥削程度并不如马克思设想得那样高。但马克思虽然过分强调了资本家对劳动者的直接剥削，却忽略了下文将要指出的其他三种对劳动者的间接剥削，或者说他借助于劳动价值论，把这三种间接剥削全部转入直接剥削之中了。

2. 间接剥削：对自然资源、科学技术和社会环境的掠夺性利用

（1）对一部分大自然赐予整个人类的资源的无偿占有和掠

夺性经营。

自然资源是大自然对人类的恩赐，理应为整个人类共同拥有，具体来说由一定范围内的人群和社会（氏族、民族、国家）共同拥有，如果个人要占有自然资源，必须支付一定的代价或给予一定的回报。不管是谁（个人、集体、国家、跨国公司）来组织和控制物质资料生产，都应该把其中因为无偿或低价运用自然资源而产生的价值分配给全体社会成员。然而，自古以来，自然资源并没有得到公平的占有、利用和分配，在经济、政治上捷足先登的人，运用暴力、狡智、权力等手段，无偿或低价获取、支配、使用许多自然资源并因此而得到丰厚的利益和利润，这实际上是对劳动者和其他社会成员的共同财产权的侵占和剥夺。劳动者则因为很少或完全得不到自然资源，而丧失了劳动的客观条件，不得不从资源（如土地）拥有者那里高价购买或租用自然资源，或者不得不受雇于人。更有甚者，在自由放任市场经济阶段，许多资本家和私营企业还对属于全社会、全人类的自然资源进行掠夺性开发和经营，造成巨大的环境污染和生态破坏。

（2）对一部分人类一般智力和科学技术发展成果的无偿占有和滥用。

科学知识应用于生产过程，具有一个更为深广的背景，那就是整个人类一般智力的提高、科学知识的积累和伟大科学家们的贡献。没有这个更大的前提，无论是企业内还是企业外的科技人员，都不可能进行生产工具、技术和产品的创新。像牛顿和爱因斯坦这样伟大的科学家，不知给人类带来了多少剩余价值。这是社会和人类的共同财富，但对这一共同财富的分享却是不公平的。资本家从自利的动机出发，把科学技术转化为生产力，从而无意中提高了整个人类的文明程度和福祉，有其特殊的贡献，理应得到新增价值的一部分。然而，由于资本家控制了科学技术转化为生产力的整个过程，就把很大一部分理应分配给劳动者和其他弱势社会成员的价值据为己有了。这是对劳动者公共权利的剥夺和剥削，要知道，正是因为劳动者承担了直接物质资料生产的职能，才会有另一部分人去发展人类的一般智力、科学技术和精神文化；劳动者有权因为自己的牺牲和贡献而得到回报。除此之外，在自由放任市场经济阶段，由于没有社会力量和法治的制约，许多资本家和私营企业还会滥用科学技术成果，通过制造武器、毒品和畸形奢侈品等有害产品获取暴利。

（3）对社会环境的破坏和社会利益的损害。

马克思曾十分尖锐地指出："一有适当的利润，资本就会非常胆壮起来；只要有10%的利润，它就会到处被人使用；有20%，就会活泼起来；有50%，就会引起积极的冒险；有100%，就会使人不顾一切法律；有300%，就会使人不怕犯罪，甚至不怕绞首的危险”①，“资本来到世间，从头到脚，每个毛孔都滴着血和肮脏的东西！”② 的确，在资本原始积累时期，由于缺乏完善的法律制度和法治机制以及新型的伦理道德，普遍存在种种非法行为，如偷税漏税、行贿寻租、钱权交易、假冒伪劣、缺斤短两、侵犯知识产权、侵犯工人人身和劳动权益等，通过损害国家、社会、竞争者、劳动者和消费者的利益以加速资本的积累。

这种通过破坏社会环境和损害社会利益而获得暴利的行为，同时也损害了劳动者和其他社会成员的身体和精神健康，降低了他们的经济竞争和合作能力，相对加强了资本对经济的控制和垄断地位，因此可以认为是一种具有经济效应的间接剥削。

总之，在原子化劳动力市场、个别化劳动关系占主导地位的自由放任市场经济阶段，由于劳动的弱势、社会的松散和法治的缺位，没有形成劳动者、社会公众和政府对私营企业强有力的监督、约束和制衡，资产阶级对劳动者进行经济上的剥削、管理上的专制、精神上的贬低和政治上的压迫就成为普遍存在的现象。这是导致无产阶级反抗和社会主义运动的根本原因。

---

① 马克思．资本论（第 1 卷）．北京：人民出版社，1958：839

② 马克思恩格斯选集（第 2 卷）．北京：人民出版社，1972：265

第四章

工人经济的升级形态

工会化劳动力市场和集体化劳动关系

面对早期资本主义市场经济原子化劳动力市场和个别化劳动关系中存在的剥削以及其他不公正的现象，马克思主义主张消灭私有制和市场经济，建立公有制和计划经济。与此不同，制度主义、工联主义、社会民主主义、劳动合作主义等思想流派，则主张将市场经济和工人经济的初级形态和阶段，上升到市场经济和工人经济学的中级形态和阶段，就是工会化劳动力市场和集体化劳动关系阶段。

这些思想流派大体上采用了社会人假设和非完全竞争假设：作为劳动力市场和整个市场经济主体的劳动者，不是简化为纯经济的劳动力或生产要素，而是具有丰富社会属性的综合性社会主体。劳动者不是分散地、一个一个地与资本或企业形成劳动关系，而是有组织地、一伙一伙地与资本或企业形成劳动关系，就劳动力价格和其他劳动条件与资方或企业进行集体性讨价还价，以组织对抗组织，以劳动力的一定范围和程度的垄断抗衡资本对企业财产所有权、经营管理权和分配权的垄断，以劳动力集体定价机制取代劳动力个别定价机制而成为主导性的劳动力定价机制，以工会化劳动力市场和集体化劳动关系取代原子化劳动力市场和个别化劳动关系而成为主导性劳动力市场和劳动关系。

一、看得见的劳动力定价机制

在自由主义的劳动力市场模型中，表面上是工人和企业签订自由平等的劳动契约，实际上是劳动力供求关系这只“看不见的手”在决定劳动力的价格，工人和老板都不过是受供求法则这只“看不见的手”所操纵的木偶，而且自由主义经济学家暗示，资本家并没有剥削工人的主观恶意，工人对资本家的抱怨是没有根据的。这种初次分配机制符合资源最优配置的效率原则，对整个经济和社会发展有利，人为干扰这一过程只会导致市场失灵和效率损失，至于因此而导致的贫困、失业等负面现象，自由主义经济学家认为可以通过个人慈善行为和国家福利制度等第二次分配手段，即通过“看得见的手”来予以调整。

工会的出现和活动从根本上颠覆了这种观点，因为工会正是通过集体谈判或集体讨价还价这只“看得见的手”来进行初次分配的，尽管这只看得见的手也要受到劳动力市场供求关系这只“看不见的手”的影响，但整个谈判过程是劳资双方主观意志和实际力量的较量和博弈过程，双方都意识到了定价过程的人为性，而不是由某种客观力量所预先决定的。

1. 集体谈判的产生和发展

所谓集体谈判，就是以工人集团即工会为一方、以雇主或雇主集团为另一方进行的劳资谈判。在工业化发展的初期，工资谈判是在企业主和劳动者个人之间个别进行的。由于工人无法遏制相互之间的竞争，因而无法抵抗工资下降的趋势，于是只能组织起来，通过工会代表自己与雇主和雇主集团做斗争。与此同时，雇主方面通过资本积聚和集中，不断形成大型企业和企业集团，从而遏制了雇主之间的竞争。劳资双方的谈判采取了规模日益扩大的集团化方式，从企业层面上升到行业层面。早期的集体谈判内容主要是就劳动报酬和劳动条件等问题，后来扩大到许多与企业发展和企业管理有关的内容也通过劳资磋商的方式解决，例如，企业内的人事改革、录用标准、人员流动、社会保险等。

集体谈判制度是经济发展的产物，也是工人斗争和工人组织发展的结果。早在 19 世纪六七十年代，英国和德国等国就首先产生了部分产业工会与雇主的集体谈判，19 世纪末和 20 世纪初，随着工会地位进一步合法化和工会组织的壮大，集体谈判活动有了新的发展。德国、法国、美国和瑞典等国先后颁布有关集体谈判的法规，推动了集体谈判的法制化和规范化。第二次世界大战后，集体谈判在一些国家有了更大的发展，特别是国际劳工组织在 1949 年通过的《组织权利和集体谈判权利公约》（98 号公约）和 1951 年通过的《关于集体协议建议书》（91 号建议书）等重要文件，对集体谈判制度在各国的普遍实行发挥了积极的推动作用。

2. 集体谈判的主体和层级

国际劳工组织的有关公约强调，集体谈判是由雇主或其组织为一方与工人组织（一般是工会）为另一方的谈判。也就是说，企业集体谈判的主体是雇主与工会双方，行业集体谈判的主体是行业雇主协会和行业工会，中央集体谈判的主体是全国级别的雇主协会和全国性总工会。它们都必须是依法登记注册、具有法人资格的合法组织。如果企业里有多个工会，则由影响最大并且会员最多的工会代表工人参加谈判。如果企业里没有工会或会员只占少数时，则由工人选举产生谈判代表。

为了开展谈判活动，雇主和工会要各自成立谈判班子，有临时性的也有常设性的，具体成立什么谈判机构由各方自定。雇主方的谈判班子通常由企业主或其代理人、雇主组织领导人、主管劳动工资的部门负责人和法律顾问组成，工会的谈判班子通常由主要工会领导人或几个工会推举的领导人、工会谈判部门的干部、工人代表和法律顾问组成。

发达国家的集体谈判因此也就分为企业级、行业级和中央级集体谈判三个层级，美国、英国、日本等国以企业级集体谈判为主，以行业级集体谈判为辅；中欧和北欧国家以行业级集体谈判为主，以企业级集体谈判为辅；个别国家如瑞典等国还有中央级集体谈判，不过这种形式比较少见，有之，也只是覆盖所有行业和经济部门的一般性谈判，得到的只是指导性意见和框架性协议，并不能具体地、“一刀切”地规定各个行业和企业的劳动条件和雇佣条件，实际上这种谈判已经在向政府劳动政策和国家劳动立法过渡了。

3. 集体谈判的程序和过程

工会和企业主都依法有权建议举行谈判，并要以书面形式通知对方。在一方提出谈判建议或集体谈判邀约后，另一方应在规定的期限内（一般是 7 日至 15 日）接受该建议并开始谈判。如果无故拒绝、拖延或逃避谈判，将受到法律处罚。如俄罗斯的《集体合同与协议法》就规定，企业主逃避或不按法律规定的日期谈判，将受到高额罚款处罚，而且受处罚后仍需接受谈判建议。

谈判的倡议方要提出举行谈判的理由、内容、要求和议案，包括对原有集体合同修改的建议等。如果工会方主动提出谈判建议，其代表应事先调查了解国内和当地的政治经济形势、企业的经营状况、福利保障和劳动保护状况以及职工的要求等，还要研究原合同的执行情况，同时要准备谈判需要的统计数字和资料等。

许多国家工会的实践表明，其谈判代表掌握的信息和情况越具体、准确，就越能掌握谈判的主动权，提出的要求也越有说服力。为了防止企业主阻挠工会获得必要的信息，有些国家的法律规定，企业主不得以“商业秘密”等为借口拒绝向工会披露有关信息和资料，否则属违法行为。当然，工会也有责任保守企业秘密并对擅自扩散承担责任。有些上级工会为了帮助企业工会开展谈判活动，出版和提供一些与谈判有关的资料，包括谈判的参考方案与合同的框架内容等。

有些国家的企业在谈判前要组建筹备委员会，由企业主和工会双方对等的代表组成，负责谈判的具体筹备工作，包括确定谈判的主要内容、日期和地点等。在谈判正式开始后，筹备委员会的任务即告结束。谈判由双方代表轮流主持或由中立人士主持。主持人要坚持程序公正的独立立场，维护谈判秩序，不受其原所在一方利益的驱使而使谈判受到影响。在谈判中双方要各委任一名主要发言人，以便集中陈述本方的意见。同时双方代表享有平等发言权和表决权。

早年曾以劳动经济学者身份登上伦敦经济学院讲台的当代著名经济学家，诺贝尔经济学奖获得者约翰·希克斯提出过一个集体谈判过程的模式，比较准确地描述了劳资双方的行为轨迹：雇主方面要考虑产值和利润的损失，工会方面要考虑对工人失业和工资中断的承受能力。雇主的让步曲线是逐步平稳地向上倾斜的，表明了他们愿意接受一个更高的工资率，而不愿意忍受长期停工所付出的损失。预期停工时间越长，雇主方面为制止停工需要付出的工资代价就越高。同样，工会方面的抵制曲线是向下倾斜的，表明了工会也倾向于接受一个较低的工资率，而不愿承担长期停工所付出的代价。不过，工会的抵制曲线在谈判初期变化缓慢，这一阶段工会一般会长期坚持其最初的要求，经过一段时间后，才会为了达成协议而迅速降低自己的要求。希克斯提出的这一模式，后来为欧美国家的大量例证所证实。

4. 集体谈判的功能和意义

第一，集体谈判的市场交易和管理决策功能。

集体谈判建立了一种交易关系，使劳资双方根据市场供求变化就劳动力价格和劳动条件进行谈判，调整并确定双方的均衡效用，使双方效用都达到优化或帕累托改进。通过不断的谈判，明确双方的权利、责任和义务，达成合约。同时它也是一种分配机制，是企业和行业内部调解劳资分配和就业的交易行为，因而集体谈判是雇主与雇员双方确定交易对象、内容以及交易价格的一种市场机制，交易的主体是雇主和工会，交易的内容是工资、就业、劳动条件、福利水平等。

集体谈判同时也是企业管理和行业管理的一种方式，制定一系列规范工会与管理方关系的程序性规则，使冲突制度化，寻找共同的利益来协调分歧。这样，虽然管理职能仍由管理方行使，但工会作为劳动者代表，与管理方共享了企业的最高管理权。集体谈判制度的成功运行证明了那些努力为企业工作的劳动者，有权对企业的经营管理发表意见，尤其当这些决策对他们会产生直接影响时，应当赋予工会代表他们参与企业管理的权利。

第二，集体谈判的价值和意义。

集体谈判的意义是双重的，对雇员来讲，通过集体行动，可以有效抑制雇主不合理的、侵犯劳动者利益的行为发生，为劳动者争得平等的地位、必要的劳动条件和基本的生活保障等合法权益。对雇主来讲，通过谈判的方式可以加强劳资双方的沟通与合作，推动企业目标的实现和行业效益的提高。集体谈判的最终成果——集体合同，一旦达成，在一定期限内就具有法律上的强制性，它规定了企业的基本发展目标和劳动者的基本权益及其保障条件，是对劳动法律的补充和具体化，被人称为企业和行业的“小宪法”，受到广泛的重视。

二、集体谈判的经济效应

在欧美等先进市场经济国家，经过 100 多年的工人运动和管理革命，已经实现了原子化劳动力市场和个别化劳动关系向工会化劳动力市场和集体化劳动关系的转型。无论这个过程中发生了多少不能令人满意的情况，有一点是不容置疑的，那就是集体谈判已经由劳动力市场和整个市场经济的外生的变量变成了内生的变量，由外部扰动的因素变成了内部驱动的因素。对此，固守经济人假设和完全竞争假设的新古典劳动经济学和新自由主义劳动经济学，或拒不承认集体谈判和集体争议作为内生经济变量的地位，或将其当作“侵入者”加以负面的评价。其主要观点是，认为工会造成了劳动力垄断，阻挠了劳动力要素的自由流动，侵犯了企业的用工灵活性和用工自主权，造成了效率损失；认为集体谈判和集体争议并没有提高所有工人的工资和福利水平，只不过是部分工会化企业的工人获得一定程度的劳动力垄断收益，而这是以牺牲非工会部门工人的利益为代价的；认为集体谈判和集体争议加剧了失业以及失业与通货膨胀轮流上升的经济滞胀现象；认为集体谈判和集体争议破坏了投资和经营的积极性，导致投资率降低和资本外流，导致就业、效率、利润和税收的损失，最后导致社会总体福利水平的降低，等等。在他们看来，没有集体谈判和集体争议，劳动力供求机制和边际生产力决定工资水平的机制会自动地提升工人的工资，而工会则把工资的提高算作是自己的功劳。经济学家弗里曼对此有一个极为生动的比喻：“每当旭日从地平线升起时，公鸡便拍打着翅膀，高声鸣叫，最后公鸡认为唯有自己对日出负责。集体谈判的繁多程序和工会领袖在谈判中声嘶力竭的大叫大喊，常常使人们误认为只有他们在决定工人的工资。"[①] 弗里曼的比喻很俏皮，但并不符合事实。其他劳动经济学家做了大量实证研究，证实了集体谈判和集体争议对于经济发展的正向作用。

1. 对工资和劳动者综合收入的影响

工会化部门通过集体谈判提高工人工资，的确会产生一种"溢出效应"或"挤出效应"，把代价转移到非工会部门工人身上，降低他们的工资，但这种情况同时会受到"威胁效应"的对冲和抵销。因为非工会会员也希望有一个工会来代表他们，在这种情况下，非工会部门的雇主由于害怕建立工会会提高劳动力成本，并且对资方的特权施加某些限制，可能会通过向员工提供比市场水平要高的工资来"收买"他们，以换取员工不在工会资格选举中投赞成票。此外，因为集体谈判导致工资提高而被裁员的劳动者，不一定就会到非工会化部门去寻找工作，他们宁愿暂时处于一种等待性失业状态，等待着工会化部门出现职位空缺。更有甚者，比如一些在非工会化部门就业的劳动者会辞去他们的工作，努力向工会化部门流动，于是出现一种反向溢出效应，就是由于存在着非工会部门劳动者向工会化部门的流动取向的威胁，一个部门的工会化会引起另一个非工会

① Richard Freeman, Labor Market Around The World, NBER Working Paper, 2007, No. W13242.

化部门的工资率的上升。

伊兰伯格、史密斯提供了一系列数据证明了上述原理：在美国，工会会员比非工会劳动者的相对工资优势大概在10%—20%，其中私营部门工会会员和非工会劳动者工资差额为15%—19%，公共部门是10%—13%。这一数据，在英国约为10%，在德国约为6%，在奥地利约为5%。

除了工会、集体谈判和罢工对提高工资的正向作用外，在工会化企业中，还有比非工会化企业更高的总薪酬或总收入，因为前者会给员工提供更多的带薪节假日、带薪休假、病假以及退休金等员工福利①。

2. 对工时和就业的影响

200余年来，劳动时间从最初的每周工作6天、每天工作长达16个小时，缩短到目前每周工作5天、每周工作30—40小时，此外还有越来越多的节假日和带薪休假。对于这种情况，新古典经济学向来没有一个合理的解释，其实，他们选择性忽视的是，带来劳动时间大大缩短的最大、最直接的原因就是工人和工会为争取缩短工时而展开的坚持不懈的斗争。

在其他条件保持不变的情况下，缩短工时就等于增加就业，

---

① 罗纳德·伊兰伯格、罗伯特·史密斯．现代劳动经济学，刘昕译．北京：中国人民大学出版社，2007：502—506

这就是说，由工会化部门工资提高带来的就业率的下降，在很大程度上被工时的缩短所吸纳了。更何况，在劳资集体谈判过程中，工会和雇主都在小心翼翼地寻找同时确保工资提高和维持就业水平的效率合约，也降低了工会化部门劳动力向非工会化部门的流动，从而降低了后者的就业压力。伊兰伯格和史密斯指出，当工会像关心工会会员的工资一样关心他们的就业时，它们就会向资方施加压力，要求资方增加人员配备，对本职工作范围以外的工作活动加以限制等①。此外，政府配套提出的积极的劳动力政策和就业政策也在降低失业的压力。

3. 对生产率和利润的影响

新古典主义和新自由主义劳动经济学异口同声地指责集体谈判和集体争议降低了生产率和利润水平，并且提出了相关的统计数据作为证据。不过，这大抵是从零和博弈的模型得出的结论。从正和博弈或者效率合约的模型则可以得出相反的结论，同样也可以得到经验数据的证实。伊兰伯格和史密斯指出，在企业的资本数量一定的情况下，工会的存在提高了劳动者的生产率，这是因为，工会实际上提供了一种发言机制，通过这种发言机制，劳动者能够将自己的建议和偏好传达给资方。在能

---

① 罗纳德·伊兰伯格、罗伯特·史密斯．现代劳动经济学，刘昕译．北京：中国人民大学出版社，2007：507

够用较为直接的方式表达自己的想法或意见的情况下，劳动者的工作积极性可能会得到强化，辞职的可能性会变小。在辞职率或员工流动性降低（这直接意味着雇佣成本的降低）的情况下，企业就有更大的动力在企业特殊培训上进行更多的投资，而这必然会提高劳动者的生产率[①]。皮埃尔·卡赫克、安德烈·齐尔贝尔博格也表达了相近的观点[②]。更多管理学家都支持发言权、参与度、得到平等看待和尊重等人本主义管理要素对于提高劳动生产率的重要意义。

劳动生产率的持续提高，为企业利润的长期稳定增长提供了坚实的基础，这在零和博弈、企业压倒个体工人或者工会压倒企业的垄断模型中是不可能的，因为一方之所得是另一方之所失，但在合作博弈、正和博弈、效率合约模型下则是完全可以成立的。在这里，劳方之所得固然有了稳定的增长，资方的利润也同样如此，因为有足够多的合作剩余供双方分享。这倒不一定表现在绝对利润率的提高上，也可以表现在相对利润率和利润总量的提高上，所以在劳动收入占国民收入的比重不断提高的情况下，工会化大企业却在不断积累和成长，甚至成长

① 罗纳德·伊兰伯格、罗伯特·史密斯．现代劳动经济学，刘昕译．北京：中国人民大学出版社，2007：507

② 皮埃尔·卡赫克、安德烈·齐尔贝尔博格．劳动经济学，沈文恺译．上海：上海财经大学出版社，2007：370

为巨型的跨国公司。实际上，集体谈判和集体争议这种新的经济变量还带来了一个意想不到的变化，那就是淘汰了一些主要依靠榨取工人而生存的“血汗工厂”，也迫使工会化企业在技术革新、管理创新上下功夫，从而引起整个行业的产业升级，而第三产业（服务业）、第四产业（文化创意产业）的出现，提供了比农业和工业要大得多的、近乎无限的就业空间。

三、原子化劳动力市场与集体化劳动关系

虽然市场经济历史上出现了原子化劳动力市场向工会化劳动力市场、个别化劳动关系向集体化劳动关系的转型，但这并非是两个截然相反的历史阶段，毋宁说，在原子化劳动力市场和个别化劳动关系阶段已经包含了工会化劳动力市场和集体化劳动关系的萌芽，即使工会化劳动力市场和集体化劳动关系取得主导地位，也同样会存在着大量的小微企业和非工会化企业。我们可以认为，当前还是原子化劳动力市场和个别化劳动关系占主导地位的世界，前者构成市场经济的上层结构，后者构成市场经济的底层结构，而这两个世界处在非常紧密的相互作用之中。

1. 以小企业为主体的劳动力市场和劳动关系存在着不可避免的原子化和个别化

即使是欧美国家等发达市场经济体，也在源源不断地产生

无数小企业。美国有数百万家小微企业，小企业的生产总值已占到美国国内生产总值的51%，销售额占全国商品销售额的47%，就业人数占美国总就业人数的2/3，在新增就业机会中，小企业更是占80%左右。正因为如此，美国历任总统对小企业都格外重视。克林顿说："小企业是美国经济的火车头。"布什说："小企业是美国经济的心脏。"至于仍然处在市场经济初级阶段的中国，小企业就更多了，网上流传的数据是，目前我国中小企业超过2000万家（一说4000万家），占企业总数的99%，贡献了中国60%的GDP、50%的税收和80%的城镇就业，吸纳了3亿左右的劳动力。

小企业具有大企业难以替代的优势：它们能够敏锐地发现市场需求，填补茫无际涯的市场的边边角角；它们能够满足无数满怀雄心的年轻人创业的愿望和冲动；它们能够以劳动密集的优势替代资金和技术密集的优势；它们具有比大企业低得多的管理和运营成本，老板亲自管理企业，决策迅速和灵活，一家人白手起家，省吃俭用，迅速积累资本；它们具有比大企业低得多的进出行业和市场的转移成本，迅速离开没有发展前景的行业和地区，而迅速捕捉新的发展机会。每年都有成千上万的小企业破产，又有更多的小企业接踵而来；相当一部分小企业经过长期奋斗成为中型企业，其中又有一小部分终于成了大企业。没有一个大企业不是从中型企业发展而来的，没有一个中型企业不是由小企业发展而来的。可以说，没有无数小企业的相互竞争，就不可能产生出中型企业和大企业；没有无数小企业满足那些大企业不能满足的初级市场需求，大企业就不能朝着专业化、科技化的方向发展；没有无数小企业本身成为大企业所制造的机器设备等中间产品的消费者，成为大企业产品制造的外包环节和协作厂家，大企业本身的发展也是难以为继的。

但是小企业的上述优点也隐含着与之相关的弱点，尤其是在劳动力定价和劳动关系缔结上，小企业大多持有劳动力成本最小化和资本利润最大化的经营理念，强烈倾向于选择原子化劳动力市场和个别化劳动关系的模型，而抵制工会化劳动力市场和集体化劳动关系。

（1）由企业与劳动者个人缔结一对一的劳动关系，不签订书面劳动合同，或者只提供一个形式化、模板化的劳动合同文本，由劳动者签字后收归企业保管。

（2）尽可能按市场最低工资水平支付劳动报酬。

（3）由企业单方面制定苛刻甚至违法的规章制度或员工手册，对劳动者实施违反自由、平等、公正原则的专制管理。

（4）不考虑劳动者作为社会人的多方面需求，把劳动者当作单纯的劳动工具。

（5）以加班工资相诱惑，或强制性延长劳动时间。

（6）不提供劳动安全卫生条件，损害劳动者的生命权和健康权。

（7）不提供养老、医疗、工伤、失业、生育等社会保险和住房公积金。

（8）拒绝建立工会，拒绝进行劳资集体协商和谈判。

（9）防止一切罢工的苗头，一旦发现，立即严惩和开除领头的员工。

正因为如此，这些企业的劳资关系经常处于冲突状态，员工流动率非常高，企业得到了短期利益，却失去了长远利益和可持续发展机制，这是小微企业“死得快、长不大”的一个重要原因。

比较有远见和良知的企业主，意识到这种杀鸡取卵的行为最终不利于企业发展，逐渐转变经营理念，创造劳资双赢的机会。于是，随着幸存下来的小企业向中等规模的发展，会内在地产生向工会化劳动力市场和集体化劳动关系转型、建立公平合理的劳资关系的需求。

2. 工会化企业和行业性集体谈判成果对小企业的渗透和覆盖

大企业是从小到大发展起来的，经过较长的发展时期，工人的团结和组织程度随之逐步提高，资方也有较大的余地接受工会的建立并进行劳资集体谈判。所以，大企业一般都是工会化的企业，像沃尔玛这种在全球范围内抵制工会的企业是实属罕见的。工会化大企业因为在行业中具有较强的竞争力、影响力和领导力，较大的市场占有率、规模优势和市场地位，其所签订的集体合同对没有工会化的企业就具有强大的示范效力和威胁效力，有时法律还规定行业集体谈判所确定的劳动条件原则上适用于整个行业，带动了小企业的工会化，或者向工会化企业看齐。这可以解释，为什么欧美国家的工会密度并不高，最近几十年还有逐步下降的趋势，但集体谈判的覆盖率却远远高于工会密度，并且没有出现明显下降的趋势。

下表列出了 19 个经合组织成员国的工会密度和集体谈判覆盖率水平。

	工会密度（%）	集体谈判覆盖率（%）
澳大利亚	35	80
奥地利	42	98
比利时	54	90
加拿大	38	36
丹麦	76	69
芬兰	81	95
法国	9	95
德国	29	92
意大利	39	82
日本	24	21

续表

	工会密度（%）	集体谈判覆盖率（%）
荷兰	26	81
新西兰	30	31
挪威	58	74
葡萄牙	32	71
西班牙	19	78
瑞典	91	89
瑞士	27	50
英国	34	47
美国	16	18

资料来源：OECD，1997。

根据卡赫克、齐尔贝尔博格的解释，造成工会密度和集体谈判覆盖率差别的主要原因是不同的法律约束和制度背景。例如，在法国和西班牙，集体协议无权对工会会员和非会员劳动者实行区别对待。这一禁令可以在很大程度上解释这两个国家很高的集体谈判覆盖率与明显较低的工会密度之间的差距。相反，在澳大利亚、新西兰、美国和英国，法律允许集体协议区别对待参加工会的劳动者和未参加工会的劳动者，这肯定有利于工会会员而不利于非工会会员。总的来说，集体谈判覆盖率是一个比工会密度更加可靠的反映工会势力的指标。1970—2000 年，只有丹麦、比利时和芬兰的工会密度有所提高，其他国家的工会密度都出现大幅度下降，但集体覆盖率在1980—1990年只出现了轻微的下降，而且在1990—1994年还出现了非常轻微的上涨，集体谈判覆盖率没有出现普遍下降的趋势[①]。

这个数据强有力地表明，工会化劳动力市场和集体化劳动关系对于原子化劳动力市场和个别化劳动关系，具有强大的渗透性和覆盖力，而且已经成为劳、资、政、社会各方的基本共识[②]。

---

① 皮埃尔·卡赫克、安德烈·齐尔贝尔博格．劳动经济学，沈文恺译．上海：上海财经大学出版社，200：325—327

② 本章内容参考了几本权威的劳动关系、产业关系、雇员关系著作：李维斯、桑希尔、桑德斯．雇员关系：解析雇佣关系，高嘉勇等译．大连：东北财经大学出版社，2005；卡茨、科钱、科尔文．集体谈判与产业关系概论，李丽林、吴清军译．大连：东北财经大学，2010；米尔斯．劳工关系，李丽林等译，北京：机械工业出版社，2000；巴德．劳动关系：寻求平衡，于桂兰等译．北京：机械工业出版社，2013

第五章

工人经济的高级形态

工人参与、劳资共决与人力资本、劳动产权

工会化劳动力市场和集体化劳动关系，是工人经济的升级形态和中级形态，在这种形态下，资本与劳动两个生产要素的联系还是一种外在关系，即共处于企业、行业和市场的共同体之中。它们之间的对立大于合作，它们之间的博弈兼有对抗博弈、零和博弈与合作博弈、正和博弈的成分，并且前者占有优势。本章将要讨论的工人经济的高级形态，其在经营管理层面表现为工人参与和劳资共决，其在产权层面表现为人力资本和劳动产权的形成，在这种形态下，资本与劳动之间已经形成一种内在的、彼此渗透的关系，它们之间的合作大于对立，它们之间的合作博弈、正和博弈成分大于对抗博弈、零和博弈成分。

一、资本和劳动相互雇佣

工会作为一种资本外部的力量，通过集体谈判的方式，已经间接参与企业的经营管理。此处所说的工人参与和劳资共决，是指工人代表和工会代表作为企业董事会、监事会和经理层成员，直接参与企业的经营管理决策，是一种程度更深更高的参与。

（一）工人参与管理的理论依据和历史缘由

1. 工人参与管理的理论依据

参与管理（Management by Participation）就是指在不同程度上让员工参加组织的决策过程及各级管理工作，让下级员工与企业的高层管理者处于平等的地位研究和讨论组织中的重大问题，他们可以感到上级主管的信任，从而体验出自己的利益与组织发展密切相关而产生强烈的责任感；同时，参与管理为员工提供了一个取得别人重视的机会，从而给人以成就感。员工因为能够参与商讨与自己有关的问题而受到激励。参与管理既对个人产生激励，又为组织目标的实现提供了保证。

参与管理的理论基础是管理学家所提出的关于人性假设的理论。20 世纪 30 年代，美国心理学家梅奥在霍桑实验后提出了“社会人”假设，认为人的工作以社会需要为动机，人们希望管理者能够满足自己的社会需要和自我尊重的需要。持这种人性假设的管理者提出了“参与管理”的形式，让职工在不同程度上参加企业决策的研究和讨论。20 世纪 50 年代末，麦格雷戈等人提出了“自动人”的人性假设，并结合管理问题，概括为 Y 理论。这种理论认为人有自我实现的需要，人的才能和潜力充分地发挥出来时人才能感受到最大的满足。麦格雷戈认为，在适当的条件下采取参与式的管理，鼓励人们把创造力投向组织的目标，使人们在与自己相关的事务的决策上享有一定的发言权，为满足他们的社会需要和自我实现需要提供了机会。

2. 工人参与管理的历史缘由

泰尼鲍姆在1951年出版的《真正的社会：一种劳动哲学》中深入论述了工人和工会参与管理的历史缘由。

资本的垄断与劳动的垄断、管理与工会之间的关系最初是对抗性的。管理方固然敌视工会，工会方也不信任管理。双方实际上遵守的是同一种逻辑和竞争性商业伦理：以较少的付出和代价获得较多的回报和利益；通过讨价还价实现金钱收入的最大化。当双方达不成妥协和协议时，罢工或闭厂就成为理所当然的选择。

要改变这种商业伦理和行为模式所带来的两败俱伤的结果，可能的出路是工会参与管理。参与管理一方面是工会权力的推进即工会对整个企业分享管理权力，另一方面也意味着工会态度的转变，即工会准备对企业的生存和发展承担责任。工会不仅仅是一个与管理相对立的独立权利主体，同时也成了企业的共同主体。“工会要被理解，就要作为一种理所当然之事（a matter of course）被接受，为此，它要像管理者和所有者一样关心企业的利益。”①

---

① Frank Tannenbaum: *The true society*, *A Philosophy of Labour*, New York, Knopf, 1951, pp. 161 – 162.

工会参与管理，不仅为维护和提高工人的经济利益创造了更新也更有力的机制，更重要的是，工人对自尊、自主性社会感情的更高需要，通过参与管理而得到实现。与此同时，企业也由单纯经济的、营利的机构变成一个具有社会性和道德特性的机构，由所有者与劳动者的交易协议[①]变成一个“社会”。参与管理的意义“不仅仅在于工会成员未来的经济安全和工会未来的角色，而在于一种置身利益共同体（a Going Concern）中所拥有、很难说清楚但却很真实的成员资格感（Sense of Membership）……根本的主题是追求企业中道德的身份。把自己的生命耗费在一种没有可实现的道德身份的职业中——这种责任是不可忍受的，并且与奴隶的责任别无二致”。[②]

工会参与管理的意义可以从两个方面加以更具体的说明。

一方面，工会参与管理意味着工人和工会的自我提高，以及工人和工会作为主体被内在地纳入工业之中：“工会要继续存在，就要得到成员的忠诚，为此它必须给予他们——不仅在工会中，而且在企业中—— 一种尊严感和身份地位。只有当工人与企业的所有问题和困难都建立起一种关系时，才会有这种

① 我国学者周其仁就把企业看作物质资本和人力资本的合约（周其仁：《市场里的企业：一个人力资本与非人力资本的特别合约》，载于《经济研究》1996 年第 6 期）。

② Frank Tannenbaum: *The true society*, *A Philosophy of Labour*, New York, Knopf, 1951, pp. 162 – 163.

尊严感。建立在道德和心理基础上的认同感是和平地解决工业系统中冲突的前提条件，工人们和他们的工会不能长期被作为局外人来对待。工会要满足工人们在一个企业中寻求道德身份的需要，就要给工人们某种他们必须具有的东西，给他们一个在其中就像在家里一样感到自在的地方。所有这些，只有通过工会参与管理才能做到。”①

另一方面，工会参与管理意味着工人和工会以自己创造性的努力改造和拯救了整个工业体系：“把整个社会组织在经济动机和利润基础上，乃是最近一个世纪最大的谬误。工会再一次证明这个概念是虚假的，因为人不能孤独地依靠面包而生活。企业只能给予面包或蛋糕，它已被证明不能满足人们对美好生活（Good Life）的需要。工会，带着它所有的错误，能够通过把企业整合到它自己自然的‘社会’，通过它自己凝聚起来的劳动力量，通过使企业具有所有真正的社会都具有的意义，而拯救企业和它伟大的效率；那些意义给人以从摇篮到坟墓的旅行过程中以某种理想主义的实质，那些意义是不能被扩展了的经济动机所包括的。如果企业要存在下去，它将不得不在世界上具有一种道德的角色，而不仅是经济的角色。从这个观点来

① Frank Tannenbaum: *The true society*, *A Philosophy of Labour*, New York, Knopf, 1951, pp. 163 – 164.

看，工会对管理的挑战是有益且有希望的。这条路线，对于拯救我们民主社会的价值和拯救当代工业体系，也许是唯一有效的路线。企业和它的劳动力必须以某种方式成为一个合作的团体，而停止成为一个分裂的和似乎处在战争状态的地方。”①

需要替泰尼鲍姆补充说明的是，工会参与管理也在一定程度上意味着管理参与工会，这两个方面构成管理与工会合作的完整含义。参与是双向的，不能想象管理对工会成为公开和开放的，而工会依然对管理保持秘密和封闭的状态。所谓合作，一是意味着信息的交流，二是对对方内部事务的建议和批评，三是对共同的事务做出共同的决定（Joint Determination）。这些都需要双向的参与。

（二）工人参与管理的形式

1. 工人委员会

欧洲许多国家的企业都有工人委员会，并且得到法律的保护。工人委员会对工资标准、工作时间安排、在职培训、休假等有关劳动权益的问题享有参与决定权；对工人雇佣、调遣、解雇等有关人事的问题，对企业生产、财务、销售、利润分配

---

① Frank Tannenbaum: *The true society*, *A Philosophy of Labour*, New York, Knopf, 1951, pp. 168 – 169.

等有关经营的问题，享有知情权、讨论权和建议权。工人委员会相当于中国的职工代表大会。工人委员会与工会的关系是交叉的，工人委员会成员和工会委员会成员是部分重叠的，只不过工人委员会限于企业内部，而工会则往往是行业工会在企业内设立的分支机构，同一个企业中可能有几个行业工会的分支机构。

2. 员工董事和员工监事

在劳动者运动的压力下，资本主义企业开始改变由资方完全垄断经营管理权的传统，吸收若干名工人代表或工会代表进入企业董事会和监事会，他们被称为员工董事和员工监事，代表工人参与企业的经营管理决策和监督。这样，工人和工会就不仅是在外部与资方进行集体谈判，而是进入了企业内部的经营管理决策过程。当然，在资本主导和资本雇佣劳动的有限责任公司和股份有限公司中，来自员工方面的董事和监事只占少数，与占多数的资方董事和监事不具有对等的权力。

3. 合理化建议制度

合理化建议制度又称为奖励建议制度或改善提案制度或创造性思考制度。企业内员工发现现行办事手续、工作方法、工具、设备等有应当改善的地方，可以提出建设性的改善意见或改革方案，这被称为“提案”或“建议”。公司选择优良且有效的提案加以实施，给予建议者和提案者适当的奖励。合理化建议制度是一种规范的企业内部沟通制度，旨在鼓励广大员工能够直接参与企业管理，下情上达，让员工与企业的管理者保持经常性的沟通。

4. **班组或小群自主管理**

很多企业鼓励雇员在班组一级进行自主管理，或者建立技术革新小组、质量管理小组等小型团队，他们围绕一定的目标和任务进行工作，在一定范围或一定时间内享有比较充分的自主权。比如“质量圈”，就是由一组员工组成的共同承担责任的一个工作群体，他们定期会面（通常一周一次），讨论技术问题与问题产生的原因，提出解决建议以及实施解决措施，而管理层则保留建议方案实施与否的最终决定权。

所有这些形式当然都没有触动资本方的决策权和最高管理权，但毕竟使劳动者获得了一定程度和一定范围的参与管理权，比赤裸裸的资本专制要文明得多。此外，不通过参与管理这种较低形式的长期积累和训练，劳动者也不可能一下子就跳跃到更高的管理台阶和水平之上。应该说，参与管理是劳动与管理重新结合的最初的也是必要的步骤。管理学家们认为，参与管理经历了伪参与（Pseudo participation）、部分参与（Partial Participation）和完全参与（Pull Participation）三个阶段。所谓伪参与仅仅是走形式的花架子，部分参与开始具有真实的内容了，只不过范围和程度受到限制，而完全参与是较高层次的参与，雇主在劳动、人事、经营各方面的决策，都要征得雇员的同意才能通过并生效。这实际上已经不只是一种参与，而是共同决定（Joint Determination）了。

（三）劳资共决或劳资共同管理

与普通的工人参与不同的是，劳资共决是一种最高形式的参与管理，双方在企业董事会、监事会和经理层中拥有基本对等的人数和基本对等的权力。

1. 德国的劳资共决制

劳资共决制是德国社会市场经济模式的重要内容和标志性特征，其宗旨是通过职工参加企业管理来协调劳资关系，保障职工的合法权益。德国有关法律规定，职工人数在 5 人以上，且其中 3 人拥有被选举资格（年满 18 岁和在本企业工作满 6 个月）的企业，都需设立包括职工代表的监事会（相当于其他国家的企业董事会；德国企业董事会则相当于其他国家的企业经理层）。监事会成员分别由企业股东大会和工人委员会选举产生。监事会主要职责是任命董事会成员，并监督董事会执行业务。按照 1976 年颁布的《共同决定法》的规定，凡职工人数在 2000 人以上的企业，监事会中必须有半数职工代表。监事会内的职工监事，与资方监事一起，不仅就直接涉及职工切身利益的事务（如工时、报酬、休假、劳动保护、职工培训等问题），而且就整个企业的经营和发展，共同做出决定。当然，为了打破可能出现的投票僵局，法律赋予由资方或股东代表担任的监事会主席最后一票的表决权。

应该说，德国社会市场经济和劳资共决取得的巨大成功，是西德在战后很快就崛起为经济强国并顺利实现了与东德统一的主要原因之一。但共决制还存在许多有待解决的问题，因而遭到来自资方和劳方两方面的批评。许多具有自由主义取向的经济学家认为，劳资共决损害了产权和经济效率，因为它违反了决策与风险、风险与报酬一致的原则：成功决策的好处由劳资双方共享，而失败决策的损失由股东单方面承担，这样便降低了股东的积极性，增加了股票资本的成本，结果使资本流向非共同决定制企业；与此同时，雇员参与投资和经营决策时，天生就具有使短期收入最大化而不是使企业长期价值最大化的冲动，从而降低了企业的竞争力①。

另外，从劳动角度来看，共决制也是不充分的，这不仅体现在代表股东权利的监事会主席的最终决定权上，也不仅表现在2000人以下企业职工监事处于少数派地位上，更重要的是劳动者的共同决定权缺乏产权基础。也就是说，劳动者的管理权

---

① 斯韦托扎尔·平乔维奇．产权经济学——一种关于比较体制的理论，蒋琳琦译．北京：经济科学出版社，1999：79—81

不是建立在劳动产权的基础之上的，或者说，不是来自产权和经济本身的、内在的发展要求，而是来自政治上对平等价值的追求和防止劳资冲突的考虑。这是以集体劳权的形式取得的与产权在法律上的平等，而不是劳动与产权的内在的结合，不利于投资者依照资本本身的逻辑接纳劳动者参加管理，也不利于劳动者以产权主体的身份与其他非劳动股东共担风险、共谋发展，从而不利于劳资合作向更高水平发展并建立真正的劳资利益共同体。可能的发展方向，是把美国式的、基于个人主义和私有产权的员工持股制度引进德国式的、基于集体主义和集体劳权的劳资共决制度之中，缔造劳资共决的产权基础。

2. 日本的劳资合作管理

日本的主流企业制度可以说是股东一元化控制模式与劳动者管理企业模式的混合物，是股东主权与从业员主权的统一，是金融利益和从业员利益的加权①。企业被看作是股东、从业员、银行、关联企业等各种利害相关者的组织体。战后日本的经济民主化削弱了财阀实力，分散了所有权，使股东对企业经营的影响力大幅度降低，而从业员和经营者的发言权大大增加。与欧美企业明确划分经营者和劳动者两个阶层不同，

---

① 青木昌彦．契约论分析与日本企业，参见今井贤一、小宫隆太郎．现代日本企业制度，陈晋等译．北京：经济科学出版社，1995：38

日本企业的经营者或从业员是一个统一的团队或整体，每一位正式职工不仅可以在基层获得自主管理的权利，而且通过终身雇佣制和年功序列制，都有平等的机会上升到较高的管理层级。日本企业的管理层当然也要对股东负责，但是，各级管理者，包括董事长和总经理，并不是由股东大会任命的，而是从从业员中经过年功序列阶梯晋升上来的，他们也要代表从业员的利益，因此，管理层带有浓厚的职工集团代表者的色彩①。最为有趣的是，在日本企业内部，经营管理人员也都是企业内工会的成员，而且大多数还是工会组织的领导人，他们经过多年的磨炼，成为企业中出类拔萃的人才，然后被推举到经营管理阶层。

日本经济学家伊丹敬之说明了从业者主权的形成原因。他认为，长期在企业工作并获得本企业特有的知识、文化和信息的职员，是企业最稀缺的资源，有能力对企业基本的、重要的问题做出决策。同时，股东（资本所有者）可以通过资本市场进行多样化的投资组合，或“用脚投票”一走了之，分散或转移风险，而“从业员”与企业结成了息息相关的合约，并投入了大量专用性“人力资本”，与企业形成了命运共同体，难以

---

① 今井贤一、小宫隆太郎．现代日本企业制度，陈晋等译．北京：经济科学出版社，1995：4—5

转移风险。因此，从业员合乎逻辑地应当在企业中享有主权。股东的权益应表现为股权的收益，而从业员则应实际控制企业，并因此而获得相应的利润①。

日本经济学家加护野忠男和小林孝雄从另一个角度论证了从业员主权：从业员从两个方面在企业中作了“资源抵押”。一方面，他们以隐形出资方式押出其人力资源。所谓隐形出资，即长期在企业工作的员工，在相当长时期内只获得低于其劳动贡献的工资，未支付的部分包含在企业利润中，逐步积累起来，一旦他们退出企业，就会面临重大损失。另一方面，在长期的工作过程中，从业员自觉钻研业务技术，不索取任何报酬。这些学习成果作为企业的特殊能力积存在个人身上，很难在企业外部得到充分评价，但对本企业来说却是稀缺的财富。因为它是一种难以进入市场交易的对本企业的资源押出，如果这些从业员退出本企业，不仅是他们自己的损失，而且也是企业极大的损失。由于上述两种资源抵押，使从业员与企业形成命运共同体，因此，从业员有资格取得企业的实际所有权和控制权②。

---

① 今井贤一、小宫隆太郎．现代日本企业制度，陈晋等译．北京：经济科学出版社，1995：43—62

② 今井贤一、小宫隆太郎．现代日本企业制度，陈晋等译．北京：经济科学出版社，1995：64—80

股东主权和从业员主权的结合，使日本企业成为一个紧密的利益共同体和命运共同体，这一点在经济衰退和企业危急时表现得到尤为突出。按照传统的资本主权和劳资对立逻辑，在这种情况下大批解雇员工是再正常不过的事了，但在日本企业内，可以通过分担损失来避免解雇。“股东可以通过在一年中少分红利或甚至承担轻微损失来分担损失。作为补偿，一支有高度责任心和经验丰富的雇员队伍，将在以后的年代中回报他们以巨额利润。同样，各级雇员可以通过缩短工作周和少得工资、放弃津贴，以及暂时从事他们不感兴趣的工作来分担不幸。”[①] 这样的企业不仅雇用形态最稳定，自愿离职率最低，而且拥有产业中最有经验的劳动力，有能力成为市场中成长率和利润率最高的公司。

追求利润仍然是日本企业的主要目标，只不过利润不是由股东独享，而是依据企业的经营成绩，通过较高的工资、奖金、退职金、企业住宅、保健设施、交际费等形式，令从业员获得自己的一份。“日本的大企业是采取把利润按一定比率分给股东之后，将剩余部分加上工资分配给‘社员’（‘正式’从业员）的方式，以追求‘公司社员’人均收入最大化为目标来决

① 威廉·大内. Z. 理论——美国企业界怎样迎接日本的挑战，孙耀君、王祖融译校. 北京：中国社会科学出版社，1984：103

定产品的产出量和资本、劳动的投入量。”[①] 一方面，由于终身雇佣、年功序列和利润分享等机制的协同作用，企业成为从业员托付终身之所和根本利益所在，因此他们虽然掌握了经营决策权，却不会用之于追求短期薪金收入的最大化，而会用之于追求长期利润的最大化。另一方面，由于企业股票价格不断上涨，股东获益良多，他们也就不再干预企业经营管理过程，并同意从业员分享企业利润。

诚然，日本的企业管理还存在诸多问题，但日本企业的实践提供给人们最宝贵的启示是，所谓管理不仅是所有者、股东、资本方面的权利和责任，而且也可以并且应该是劳动者、工人、雇员的权利和责任，进一步说，管理可以并应该是资本与劳动的合作、互补与共同成长。

从雇佣关系的角度而言，劳资共决或劳资共同管理，实际上是一种劳资相互雇佣的关系。私营企业和一般的股份制企业实行资本单决或资本单边管理，这是资本雇佣劳动的关系；合作制和股份合作制企业实行劳动单决和劳动单边管理，这是劳动雇佣资本的关系；在实行劳资共决的企业，则是资本和劳动相互雇佣的关系。这是劳资关系史上的一次伟大的革命和伟大

---

① 今井贤一、小宫隆太郎．现代日本企业制度，陈晋等译．北京：经济科学出版社，1995：9

的进步，其深刻的意义尚待人们挖掘和阐发。

二、复杂劳动与人力资本

在资本主义市场经济早期发展阶段，劳动和资本向来是对立的概念：劳动主要是简单劳动，复杂劳动是可以量化为简单劳动的；资本主要是物质资本和金融资本，人力资本的概念还没有出现。但是后来，这种二元对立的情况发生了惊人的变化。

（一）劳动和资本各自的历史发展

1. 简单劳动向复杂劳动的发展

在农业文明时代，物质生产劳动主要是以消耗体力为主的简单劳动，知识在其中的作用很有限。直接生产劳动者的文化程度和技术水平很低，专门从事智力工作的知识分子将时间多用于宗教和哲学等非实用性的、“形而上”的研究，自然科学极不发达，也很难运用于直接物质资料生产过程。

在工业文明时代，知识成为物质资料生产过程中极为重要的生产要素，具体表现为科学在生产过程中的运用，即以机器体系为代表的先进生产工具的发明和使用。因此，谁能够拥有这些先进的生产工具，谁就掌握了最主要的生产要素，谁就会在生产过程中占主导地位。与此同时，绝大多数劳动者仍然从事简单劳动，成为机器体系中一个被动的环节。虽然全部简单劳动之和在整个生产体系中（尤其是在劳动密集型工业中）是重要且不可或缺的，但单个工人的劳动则是无足轻重的。因此，在没有组成工会之前，单个的工人在劳动力市场上处于被动的软弱地位，资本与劳动的区分和对立就是建立在这种历史状况基础上的。

信息和知识文明时代，则出现一种新的劳动形态，这时科学技术在生产过程中得到更为全面和更为深刻的运用，以至劳动人口中的绝大多数，已由简单劳动者变为复杂劳动者、由蓝领工人变为白领工人。不是少数人的智力和知识及作为其物化的生产工具，而是绝大多数人的智力和知识，成为最主要的生产要素，成为物质生产过程中的主导力量。

2. 物质资本向人力资本发展

20 世纪中叶，传统的以物质资本为主导原则的经济学受到经济发展中出现的许多难解之谜的强烈挑战。

（1）现代经济增长之谜。

根据美国经济学家舒尔茨的计算，1929—1957 年，美国经济增长的速度远远快于物质资本投入的增长速度。“大量的估计数字表明，国民收入的增长比国民资源的增长要快……与用于产生收入的土地、实际劳动量和再生产性资本的数量三者结合起来的数量相比，美国国民收入持续增长的速度要高得多。

而且，最近几十年间，从一个商业周期到另一个商业周期，两个增长之差变得越来越大。”[①] 比如，尽管美国农业的投入并没有实质性的增加，而产出却出现了较大幅度的增长。那么，这个巨大的差值、差率和差额是怎样产生的呢？

（2）库兹涅茨之谜。

美国著名经济学家库兹涅茨发现，在美国经济增长的同时，其资本形成的速度却相对下降了，这就是说，相对于国民收入的增长，美国的净资本形成在减少。例如，美国资本与产出之比，1869—1888 年是 3.2∶1，1909—1928 年是 3.6∶1，而 1946—1955 年却只是 2.5∶1。“换言之，在最近几十年中，更多的产出是用较少的资本生产出来的。”[②] 国民收入中由资产所创造出来的份额从大约 45% 降至 25%，而在劳动工时相对降低的情况下，归于劳动对国民收入的贡献却由 55% 提高到 75%。那么，这部分贡献是怎样产生的呢？

（3）工人收入增长之谜。

20 世纪以来，美国和西方国家工人实际收入水平普遍得到较大幅度的提高，与此同时，劳动工时却大大缩短了：1900—1920 年，工作时间减少 37%，而收入却增长 34%；1920—1940 年，

① 舒尔茨．论人力资本投资，吴珠华等译．北京：北京经济学院出版社，1992：6

② 李建民．人力资本通论．上海：上海三联书店，1999：25

工作时间减少20%，而收入却增长35%；1940—1970年，工作时间减少了17%，而实际收入增长了37%[①]。从1900—1909年，雇员报酬在国民收入中约占55%，而在1970年则占了75%。与此相反，财产所有者收入从24%降至8%，租金收入从9%降至3%，净利息从5.5%降至4%[②]。当然可以用工人阶级的斗争和资产阶级的让步这种政治原因来加以解释，但除此以外，还有没有纯经济原因在起作用呢?

（4）个人收入分配差距缩短之谜。

20世纪以来，尤其是“二战”以后，美国和其他西方国家的个人收入差别呈现出逐步缩小的趋势。当然可以用累进税制和公共转移支付等第二次分配来加以解释，但是否有更加深层的原因和必然性呢?

舒尔茨等人认为，以上这些谜，绝不能仅仅用资金的投入，也不能用就业人数和劳动工时的增加来解释，而只能用“人力资源质量的改进”来解释。这就是说，高质量的劳动力、“知识、技术、有关工作机会的信息以及移民方面的投资”的提高，成为经济增长的一个重要来源。这种新型劳动力，舒尔茨

① 舒尔茨．论人力资本投资，吴珠华等译．北京：北京经济学院出版社，1992：178

② 舒尔茨．论人力资本投资，吴珠华等译．北京：北京经济学院出版社，1992：178

等人称之为“人力资本”（Human Capital）。

为什么要把高质量的劳动力称为“人力资本”，以区别于传统意义上的劳动力呢？原因如下。

第一，同物质资本一样，人的知识、技能等质量因素的形成和维持都要花费成本，这一成本要高于形成和维持普通劳动力所需的生活费用。早期资本主义阶段的简单劳动力只需很少的费用就能维持，但高质量的劳动力则需要接受长期的教育和培训，而教育和培训需要较多的投资。自20世纪以来，各国政府和劳动者本人花费在教育上的投资在不断增长。美国劳动者教育资本存量，按1956年美元价值计算，在1930—1957年由1800亿美元上升到5350亿美元①。

第二，同物质资本一样，人们在知识、技能等方面的费用支出，是为了获得将来更大的收益而放弃了眼前消费和眼前收入，这种投资具有投资周期长、风险大的特点，机会成本比较高，比如为了完成大学教育，就必须放弃不上大学而马上就业获得的收入。相对而言，简单劳动力则不具备这种特征。

第三，与物质资本一样，高质量劳动力具有较大的生产效率，能够创造较多的财富，因此，理所当然也应该得到较高的

---

① 舒尔茨．论人力资本投资，吴珠华等译．北京：北京经济学院出版社，1992：21

收入。与此相反，简单劳动力则只有较低的生产效率，因此收入也较少。

由于有了人力资本的理论，上述经济之谜都能得到较为合理的理解：1929—1957 年，美国经济增长中有 20% 来自教育，而工人收入的增长和个人收入分配差别缩小的根本原因，也是人们受教育水平的普遍提高，是人力资本投资的结果。有研究认为，相对于未受教育的人，小学教育能提高人的劳动生产率 43%，中学教育能提高 108%，大学教育能提高 300%。换句话说，大学毕业者的劳动生产率是未受过教育者的 4 倍，是受过小学教育者的 2. 8 倍，是受过中学教育者的 2 倍[①]。

一些经济学家依据柯布—道格拉斯函数对近 100 年西方经济增长进行了分析。以美国为例：1870—1914 年，粗放性因素（资金、劳动力投入等）对经济增长的贡献约占 73%，集约性因素（技术、管理等）的贡献率只有 27%；1929—1982 年，美国人均实际国民收入的增长中已有 55% 是知识进步因素所作的贡献。“二战”后日本的情况是：1960—1973 年，科技对经济增长的贡献率为 41. 3%；1969—1984 年这个贡献率是 58. 6%；1982—1986 年是 60%。表 5 - 1 中的西方主要国家，技术进步的贡献率在“二战”以后都达到很高的比例，平均达 60% 以

---

① 陶文昭. 精英化世纪. 北京：中国发展出版社，2000：110

上，即超过了实物因素对经济增长的贡献①。

表 5－1　“二战”后发达国家各生产要素对国民收入增长的贡献（%）

国家（年份）	国民收入增长速度	劳动贡献率	资本贡献率	技术贡献率
日本（1953—1971）	8.81	21.0	23.0	55.2
美国（1948—1969）	4.00	32.5	19.7	47.7
法国（1950—1962）	4.70	9.6	16.8	73.6
联邦德国（1950—1962）	6.27	21.8	22.4	55.7
意大利（1950—1962）	5.60	17.1	12.5	70.4
英国（1950—1962）	2.38	25.2	21.4	53.4

3. 人力资本的定义

人力资本，由于它主要通过教育途径而形成和获得，因而又可以称为教育资本；由于它的主要内容是信息、知识，因而又可以称为信息资本、知识资本；由于它的非物质性，因而又可以称为精神资本、无形资本；由于它与体力、简单劳动力的区别，因而又可以称为智力资本。学者们对人力资本做了进一步的界定和分析。

（1）人力资本是指“个人的生产技术、才能和知识”（萨洛，1970）；是“居住于一个国家内人民的知识、技术及能力

① 陶文昭．精英化世纪．北京：中国发展出版社，2000：106—107。

的总和，更广义地讲，还包括：首创精神、应变能力、持续工作能力、正确的价值观、兴趣、态度以及其他可以提高产出和促进经济增长的人的质量因素”（M. M. 麦塔，1976）。我国学者李建民将人力资本定义为“存在于人体之中的、后天获得的具有经济价值的知识、技术和健康等质量因素之和。”[①] 上述定义突出了人力资本两个最基本的特征：第一，它是人的“知识、技术及能力”等质量因素，而不是体力等简单劳动力；第二，它不是泛指一切知识、技术和能力，而特指“具有经济价值”“可以提高产出和促进经济增长”的知识、技术和能力。

（2）狭义的、直接的人力资本是指具有直接市场价值和经济意义的知识、技术和才能，广义的、间接的人力资本是指一切直接或间接、现实或潜在地具有市场价值和经济意义的知识、技术和才能。具体而言，狭义的、直接的人力资本是指已进入市场或者马上能够进行市场运作的、可以提高产出和促进经济增长的、具有经济价值的知识、技术和才能。一方面，这些知识、技术和才能或者具有较强的实用性、可操作性、经济可行性，能够取得直接的产出、增值和利润，或者拥有相当的市场需求和顾客群。这是它们成为人力资本的客观条件。另一方面，仅仅具有客观条件还不够——由于人力资本直接存在于人身上，

① 李建民．人力资本通论．上海：上海三联书店，1999：42

与它的主体、所有者有直接的同一性，是直接为它的所有者带来经济利益的。因此，如果所有者本人没有关于人力资本的自我意识、没有把它投入运营并获取利润的市场观念、没有基本的运营能力，那么，这些知识、技术和才能对它的所有者来说，就不具有资本的意义。可见，知识、技术和才能的所有者本身的产权意识、市场意识、经营意识，是构成人力资本的主观条件。否则，这些知识、技术和才能就会被他人（比如传统意义上的资本家）当作简单劳动力加以廉价使用，并因此而获得巨大的超额利润。这是一种真正意义上的剥削。

广义的、潜在的人力资本，指由于客观条件和主观条件不具备，很难或暂时不能进入市场、不能提高产出和促进经济增长，不具备经济价值的知识、技术和才能。或者说，在这种知识、技术和才能与物质财富和经济效益之间，有太多中间环节，以至它们只具有间接经济价值，因此又可以叫作间接的人力资本。人力资本固然是人的知识、技术和才能，但并非一切知识、技术和才能都直接具有人力资本的意义。比如许多哲学、宗教、道德、艺术、自然科学基础理论知识并不能带来直接的产出和经济效益的提高，这些知识作为商品在市场上出售，也往往难以营利。但不能说它们就不重要或根本不具有人力资本的意义。第一，这些知识是那些实用型知识的理论基础或精神背景；第二，这些知识、智慧从整体上提高了人的基本素质、扩展了人的视野和精神境界、熏陶了人的气质和情操，从而间接地提高了人的生产力和生产效率；第三，随着人的文化素质的普遍提高，这些知识作为商品也会获得越来越多的顾客和消费者，从而获得直接的经济效益和利润。实际上，凡是成了经典的哲学、宗教、艺术和理论科学作品，都是畅销书、常销书，只不过它们的作者已经享受不到它们带来的经济利益了。

对人力资本做这种区分具有非常大的经济意义：人们在对人力资本进行运营时，要进行深刻的市场分析，选择那些在现阶段具有市场需求并能够运用于直接生产过程的知识、技术和才能加以运营，以获取近期的经济利益。同时也要投资于那些对未来发展具有重大价值的知识、技术和才能的生产，以获取远期的经济利益。不论对于一个国家或是对于一个企业，还是对个人，都必须具有确立人力资本的发展战略的意识。

4. 人力资本的构成和类型

如果我们深入研究具有经济价值的“知识、技术和才能”，可以发现它们是由以下四个基本方面组成的。

(1) 经营管理性人力资本。这一部分人力资本，在早期资本主义阶段，隐匿在物质资本概念中，后来成为独立的生产要素，叫作“企业家才能”，也可以简称为“管理资本”“结构资本”。指在生产经营过程进行的计划、决策、组织、沟通、领导、指挥、协调、控制、市场分析、价格谈判等方面的知识、技术和才能。无论是在传统工业经济中，还是在知识经济中，这都是一种非常重要的人力资本。

（2）科技性人力资本。这是整个人力资本的内核部分，也即狭义的“知识资本”，是直接提高产品数量和质量及经济效益的科学知识、专利、生产技术和工艺、劳动技能等。在工业经济时代，这部分资本隐匿在物质资本和劳动力等概念中；在知识经济时代，它们成为独立的生产要素，成为“第一生产力”，成为整个经济活动的核心和基础。

（3）价值导向性人力资本。这部分人力资本是宗教、哲学、价值观、文化等因素综合作用的产物，既包括勤奋、节俭、理性、创新精神、冒险意识、自我现实需要等个体性人格素质（马克斯·韦伯称之为“新教伦理”），也包括诚实、合作、信任、团队精神、职业道德和责任感等群体性人格品质（科尔曼、福山等人称之为“社会资本”——Social Capital）。科尔曼指出，除了人的技能和知识之外，人力资本还有很重要的部分，那就是个体和他人共事的能力，即人们为共同目标而一致努力的能力[①]。福山把社会资本定义为在社会或其下特定的群体之

① 弗兰西斯·福山．信任——社会道德与繁荣的创造，李宛蓉译．呼和浩特：远方出版社，1998：16

中，成员之间的信任（对彼此常态、诚实、合作行为的期待）普及程度，这种社会资本与其他人力资本不一样，它通常是经由宗教、传统、历史习惯等文化机制所建立起来的①。这种资本不仅对于减少冲突、降低经营成本，而且对于凝聚力量、增加产出和经济效益，具有十分重要的意义。这种意义上的社会资本，人们又称之为“道德资本”“精神资本”或“文化资本”。

（4）综合性人力资本，指企业或个人在市场竞争过程中形成的品牌、信誉、形象以及顾客的忠诚和满意、注意力和偏好等无形资本。这种资本是前述三种人力资本的统一和协同发挥作用的结果，没有前三种人力资本长期的运营，是不可能形成此种资本的，而此种资本一旦形成，反过来会给企业或个人带来极大的经济效益。有人把这种资本称为“顾客资本”或“市场资本”。

从上述对复杂劳动和人力资本两个概念的论述中可知，相当一部分人力资本就是复杂劳动，而全部复杂劳动都是人力资本，这两个概念在很大程度上是重合的。区别在于，人力资本是从资本的、静态的角度来界定复杂劳动，而复杂劳动是从劳动的、动态的角度来界定人力资本。这个过程可以描述为劳动

---

① 弗兰西斯·福山．信任——社会道德与繁荣的创造，李宛蓉译．呼和浩特：远方出版社，1998：35

和资本各自向对方渗透和转变。

（二）劳动与资本各自向对方演变

1. 劳动向资本演变

劳动由以体力劳动、简单劳动为主转向以智力劳动、复杂劳动为主，智力劳动、复杂劳动、知识劳动在物质生产过程中占据主导地位，知识、技术、才能成为大部分新增产出、物质财富和利润的主要来源。在这个意义上，知识、技术、才能具有了资本的基本特征，并且对物质资本有日益强大的替代功能和替代效应。

2. 资本向劳动演变

由于知识、技术、才能具有潜在的和现实的经济价值，国家、企业和劳动者个人纷纷向人力资源的开发、教育、科技领域投资，于是，物质资本大规模地向劳动者身上转化。自20世纪初以来，尤其是从20世纪50年代以来，劳动者身上积累了巨量的人力资本。按舒尔茨的计算，美国劳动者“教育资本”的存量，按1956年美元价值计算，1930—1957年从1800亿美元上升到5350亿美元，所估算出的劳动者“教育资本”收益增长约占该时期经济增长的1/5。与此同时，赋有人力资本的雇员的收入也相应提高，到1970年，占国民总收入比重已由1909年的55%上涨到75%，而纯粹的物质资本收入和财产占有收入由45%下降至25%[①]。

劳动和资本并不是绝对对立的，而是互相依存、互相渗透、互相转化的。劳动和资本这个对立着的正题和反题，已形成一个历史的合题——人力资本，或者也可以叫作“劳动性资本”。当然，不管是在工业经济背景下，还是在知识经济背景下，劳动与资本之间的区别和矛盾还是存在的，包括简单劳动和物质资本的区别和矛盾、物质资本与复杂劳动（人力资本）的区别和矛盾、简单劳动与复杂劳动（人力资本）的区别和矛盾、物质资本本身之间即大物质资本与小物质资本之间的矛盾、复杂劳动本身之间即小人力资本与大人力资本之间的矛盾等。

三、劳动力所有权与劳动产权

既然从简单劳动发展而来的复杂劳动，不再是单纯劳动力，而成了人力资本，那么在企业产权结构中，就不能由物质资本和金融资本独享产权了，人力资本自然也应当分享产权。我们把作为人力资本的复杂劳动所获得的产权称为劳动产权。它与劳动力所有权是两个不同的概念。

---

① 舒尔茨．论人力资本投资，吴珠华等译．北京：北京经济学院出版社，1992：178

（一）从劳动力所有权到劳动产权

奴隶向农奴、奴隶主向封建主的转化，意味着劳动者通过英勇的反抗和斗争，夺回了部分的人身自由和劳动力所有权。资本主义生产方式的建立，则以承认劳动者全部人身自由和劳动力所有权为前提。当然，在强资本弱劳动的格局下，劳动者所创造的价值在很大程度上被资本家剥削走了，他们的工资被压低到只能勉强维持生存和劳动力简单再生产的水平。于是，18 世纪、19 世纪的工人运动主要致力于在资本主义制度内提高劳动力价格、改善劳动和生活条件、提高生活水平，保护完整的劳动力所有权。到了 20 世纪，劳动者由维护劳动力所有权的斗争转向重建劳动产权，即分享企业产权的斗争，诸如利润分享、劳资共决、工人持股等制度创新此起彼伏，它们已经或深或浅地涉及产权层面，已经或多或少地为劳动者争取到了一部分劳动产权。在整个社会，劳动产权的这种实现，也就是所有权的普遍化或资本的社会化；在历史发展阶段上，这也就是特殊的、少数人的、阶级对抗的私有制向普遍的、多数人的、阶级合作的私有制转化。

劳动产权在历史上也曾经出现，包括原始社会劳动与产权直接合一的公有制，奴隶社会、封建社会、资本主义社会一直存在着的以个体劳动为基础的小私有制和以小私有制为基础的个体劳动（自耕农、手工业、小商业）。在现代历史条件下，重建劳动产权当然不是要回到原始劳动与产权的直接合一，也不是要回到单个劳动者与少量生产资料直接结合的小农经济、手工业经济和小商业经济，而是要在普遍实行现代企业制度的大中型企业内获得部分产权（股权）以及由此而产生的部分剩余控制权和剩余索取权。在这里，劳动要素就像资本要素一样获得相应的股权和利润。

员工持股是劳动产权或劳动者共享企业产权的主要形式，其主要倡导者是美国经济学家和投资银行家路易斯·凯尔索（Louis Kelso）。他认为，在现代市场经济中，如果资本只掌握在少数人手中，产权过于集中，经济发展的好处则将集中于少数人手中，大多数人不能分享到资本主义的好处，这将造成严重的分配不公，从而影响到社会的稳定和资本主义的生存与发展。为此，凯尔索等人希望能建立起使资本主义所有权分散化的新机制，使人们都有可能获得劳动收入和资本收入这两种收入，并能以某种方式使大多数并不富有的人得到一定数量的资本，从而拥有一定的生产性资源。员工持股计划（ESOP）是他们为实现这一目的而提出的一种方案。这一方案在 20 世纪 50 年代提出时无人理睬，到了 20 世纪 70 年代，引起政界人士的重视，并推动美国联邦和州议会的相关立法，为员工持股创造了良好的制度环境，1974 年的《雇员退休收入保障法》、1984

年和1986年的《税制改革法》、1996年的《小企业就业保护法》和1997年的《赋税人信任法》，成为员工持股的重要法律依据。从实践过程来看，员工持股计划迎合了各方面的利益要求，得到了各方面的支持：一方面，一般员工通过员工持股计划，获得生产性资本，成为有产阶级，分享到资本主义制度的好处；另一方面，在美国现存的税制条件下，将企业所有者和资本家的股权转让给本企业职工，企业所有者能从中得到比不实行员工持股计划更多的好处。根据美国全国职工持股中心提供的统计数据，到1998年，美国实行员工持股的企业有14000多家，有3000多万职工持股，员工持股计划涉及的资产总值超过4000多亿美元。美国的这一成功经验也得到了欧洲国家的效仿。

20世纪90年代，员工持股被引入中国，在国有企业、集体企业的股份制改造和现代企业产权制度的建立过程中发挥了重要的影响，比较典型的有北京四通模式和深圳泰然模式。

北京四通模式

1984年，中国科学院七名科技人员向北京市海淀区四季青乡借款创办了四通新技术开发有限公司，注册为集体所有制，但其实三个月后就偿还了借款，创业者一直恪守“自筹资金、自由组合、自主经营、自负盈亏”的原则，完全不同于“官办集体企业”。随着公司经营的不断扩展以及公司经营人员包括当初创业人员的变化，四通集团的资产规模已达四亿元，公司产权却越来越模糊，产权主体虚置，不仅使公司海外融资困难，更重要的是公司缺乏有效的监督机制，造成投资项目广种薄收，人才流失严重等一系列问题。为了解决这一问题，四通最终决定进行股份制改造，具体做法是，先由公司管理层和内部职工成立职工持股会，然后分别由原四通集团和职工持股会以及外部股权投资人出资成立北京四通投资有限公司，不仅解决了产权模糊和混乱的问题，同时实现了员工持股，调动了员工的积极性，增强了企业的凝聚力。四通改制成功，为我国众多戴集体所有制帽子的乡镇企业、民营企业通过员工持股解决产权问题探索出了一条路子。

深圳泰然模式

深圳市工业区开发公司成立于1985年，1998年更名为深圳市泰然实业发展总公司，为深圳市直属的一级国有企业。从1995年8月开始，泰然公司成为股份制试点企业，在投资管理公司、体改办和国资办的指导下开始了现代企业制度改革，由单一的国有投资主体改组为多元投资主体。改革时企业正式员工80人，根据持股比例占有股本价值600万元左右。在持股额的分配上，企业采取了“效率优先，兼顾公平”的原则，公司的经营决策者和高级管理人员持股额可为普通员工的三到四倍，同时根据岗位、责任来决定员工所持的股份份额，适当考虑员工在本企业的工龄，以及退休员工可享受平均配股额的60%，并可保留五年的分红，五年后由公司按当时的股价予以回购。员工持股采取由工会作为社团法人托管运作的方式，工会中的股东代表依照法定程序进入公司的董事会，代表持股员工的利益，参与企业决策，同时在进行分红时，由工会按员工持股总额统一接受公司利润分配，再按员工持股数额进行二次分配。在员工持股的认购资金中，按员工自己出资40%，30%由企业通过工会贷款给员工，另外30%则由企业自留的公益金中划转。通过实行员工持股，泰然公司基本上实现了当初改革时所设想的目的，留住了人才，提高了员工对企业的关切度和忠诚度，激发了员工的积极性和主动性。

（二）私有劳动产权和共有劳动产权

1. 劳动者与私有产权

当今社会，劳动与资本从对抗走向合作，劳动产权与资本产权相结合的可能性已经大大提高，并且在相当大的程度上已经变成现实。据统计，美国已有60%左右的人拥有一定的股权，其中一大部分就是劳动者。新加坡倡导全民持股。英国保守党政府曾将国有企业股权大规模出售给职工和公众。几乎所有发达国家都在推动员工持股计划。这种情况从一方面可以看作是劳动者获得产权，从另一方面可以看作是资本的社会化和普遍化，马克思将股份公司视作在资本主义内部，资本的一种自我扬弃。

从历史渊源来看，原始公有制解体后的私有制就是一种劳动产权制度，而且即使在后来充斥着阶级对抗与阶级剥削的私有制社会，也一直存在大量私有劳动产权，即以自己劳动为基础的小私有制或者以自己财产为基础的个体劳动。在相当长的历史时期，有人甚至还认为只要人类存在和发展——每个人都应该、应当努力使自己成为私有者，理由有二：只有私有财产才能确保每个人的基本自由；只有私有财产的普及化才能实现基本的社会公正。

斯蒂芬·芒泽在论证私有产权时，在提出了“并入与投射”这一基本理由之后，紧接着就提出了另一重要理由：“支配、隐私和个性。”“如果所有人在私有财产制度和经济中有排他的权力，那么他们就能确立和保护多种个人的善。它们是与自治、人格、自尊（Self－Respect）、自重（Self－Esteem）、自由、隐私和个性存在交叉的项目。”① 进一步说，私有财产对于

① 斯蒂芬·芒泽．财产理论，彭诚信译．北京：北京大学出版社，2006：79

每个人拥有“社会中全面的人类生活”—— 一种自尊和合理自信的生活能力免受损害的生活——是必要的条件①。维护个人的自由和尊严、个性和独立人格，一直是自由主义哲学、经济学和政治学为私有产权辩护的主要理由之一。

应该说，对个人的自由和尊严、个性和独立人格的追求，的确是劳动者的基本人性需求和基本人权。个性的发展是一个历史的过程，甚至是历史的产物，而不是自古以来就有的自然事实，也不是什么自然人性或天赋人权。在历史上，首先是那些在经济、政治、文化上拥有较多资源的个人和集团先具备了发展个性的机会，并且得到了较高的发展。但是，历史不仅是人类作为一个整体不断从自然界的统治下得到解放的过程，而且是个人不断从社会整体的禁锢下得到解放的过程，是个人从贫乏到丰富、从弱小到强健、从片面到全面发展的过程。这样一个纵向的历史过程，同时也就是个性的发展由社会上层（中心）扩展到社会下层（边缘）、由少数人扩展到多数人的横向的结构性变化，历史的发展高度正好是由社会上有多少人的个性得到了自由发展（自由的广度）来衡量的。“个人”“个性”是历史发展的产物和结果，但这一产物和结果同时又作为前提影响着社会的进一步发展。如果说，在劳动者的个性因为受到

① 斯蒂芬·芒泽．财产理论，彭诚信译．北京：北京大学出版社，2006：212

限制而相当微弱的状态下，他们对私有产权的要求也比较微弱并且得不到满足，那么，经过漫长的历史积累，当劳动者的个性意识和自由需求日益强烈的时候，建立私有劳动产权就必须提上历史的日程。应该说，劳动者激烈地否定和仇视私有产权，仅仅是他们处于不成熟的历史发展阶段时的绝望心态，他们越是软弱无力，就越是热烈地向往某种绝对平等的公有制，这样一种向往实际上是对他们实现不了的私有产权需求的一种补偿或替代性满足。然而，放弃对私有产权的要求，实际上是放弃劳动者应得的历史权利，是让几千年来劳动者的牺牲付诸东流，尤其是在公有制的尝试因为不具备基本的历史条件而失败的情况下，继续否定和抛弃私有产权，对劳动者来说是极不明智和具有极大损害的①。社会主义运动要真正取得成功，第一步不应该是把私有财产全部收归国有，而应该是把自由主义的原则平民化、把私有产权普遍化，为劳动者的个性发展和自我实现创造必要的物质的和社会的条件。

---

① 罗马教皇利奥十三世在1893年发布的一则通谕中指出："社会主义者力图消灭私有财产，并坚持主张个人财产应当全部变成共有财产，接受国家或者地方政府的管理。……但是，他们的这些建议对于所有的实践目标来讲是如此明显的无益，以致如果这些建议得到实施，劳动者本人将成为第一个受害者。……社会主义者在力图将个人财产转移给社会的过程中，打击了每一个挣工资的人的利益，因为他们剥夺了他处置他的工资收入的自由，并因而剥夺了他增加他的股份和改善他的生活条件的所有希望和可能。"——转引自詹姆斯·布坎南：《财产与自由》，韩旭译，中国社会科学出版社2002年版，第52—53页。

私有产权的普及程度还是平等和公正的主要指标之一。如果说，少数人垄断产权、多数人一无所有是极端的社会不平等和社会不公正，那么，取代这种状况的绝不可能是一个一刀切的、一碗水端平的、高度结果平等的社会，而只能是一个私有产权普遍化的社会，一个比较普遍的、平等的私有制社会，只有它才是通向更高社会历史阶段的必经之路。这个社会保留了阶层差别，鼓励自由竞争和个人首创精神，同时又实现了每个人在争取私有财产和个人自由发展的机会、权利、资格、规则和基本社会保障方面的平等。自然，在竞争的结果即财产拥有量和个人发展程度上，是一定有差别的，但由于经济、政治和文化等各个社会领域向所有人无限制地开放，由于公民权利的实现、社会民主监督和法治的实施，就会严厉限制垄断和剥削，严厉限制贪婪、暴力和狡智等恶性力量的作用，这样的差距就必定不是悬殊的，并且是健康的和良性的。

2. 劳动者与公有产权

强调劳动者首先要争得私有产权，劳动产权首先是并主要是私有产权，是因为看到了在相对匮乏和相对丰裕的漫长历史时期，私有产权具有长期的历史合理性（经济合理性和道德合理性），但这并不是说，私有产权本身是没有问题的。私有产权制度具有相当的经济不合理性和道德不合理性，正因为如此，公有产权就是对私有产权的必要的补充和制约，在具备充分历史条件时，还可能是对私有产权的替代。现在的问题不是要不要公有产权，而是公有产权在多大的范围内是必要的和可行的，公有产权采取何种组织和运行模式？

在两极分化的私有制社会，劳动者所能构想的公有制只能是一种绝对平等的共产制，正因为他们在当时的私有制框架内完全没有出路，他们便设想出一种与这种私有制绝对对立的公有制。他们为争取这种公有制而进行的斗争是可歌可泣的，表现了人类对平等和公正的不懈的追求。问题在于，由于当时劳动者的个体能力普遍低下，他们的经济、政治、文化素质普遍低下，即使建立了公有制，也无法驾驭这个公有制，结果这个公有制又会不可避免地演变为某种变相的私有制。当然，不能因为社会主义遭受挫折，就像哈耶克那样断言社会主义根本上就是一条“通向奴役之路”，或像福山那样宣布资本主义已经是“历史的终结”。现在我们面临的“真问题”是，在私有制开始走向大众化、平民化、普遍化的时代，公有制应该采用何种可行的模式？

只能是一种与私有产权和市场经济相融通的公有制，一种在一定范围内“联合起来的个人所有制”，一种在一定范围内社会化的私有产权。这是一种私有产权向公有产权的内在扬弃和转化，是保留了私有产权的公有产权，或者说就是一种公私混合产权和公私混合所有制。其主要企业组织形式就是股份制、股份合作制和合作制。

我们可以在两个层面构造这种新型公有制。第一，在宏观经济层面，对各级各类国有企业进行改造。任何一个国家都必须拥有一定数量的国有企业（包括中央企业和地方企业），以便向社会提供民营企业提供不了的公共产品和服务。这些企业的特定职能决定其产权不能完全属于自然人，至少必须由国家保持控股权。问题是要使这些企业在宪政、民主和法治的框架内运营，使之接受国家立法机构的控制和国家监察机构、公众舆论的监督，防止官商勾结和内部人控制，从而真正成为“民有、民治、民享”的公有制企业。国有企业的管理层从企业内部员工和企业外部经理人市场通过公开竞争而产生，企业内部劳动者分享一部分股权及其利润并参与企业管理，企业还可以向外部投资者和公众发售股票，通过“用手投票”和“用脚投票”两种机制加强对管理层的监督。

第二，在微观经济层面，在股份制、股份合作制、合作制企业和私营企业中，大力发展职工持股，直至普遍实现“劳者有其股”的理想。劳动者可以通过两种方式获得产权，一是以自有资金购买企业股权，二是以其劳动贡献获得一定的企业股权，从而实现劳动者与生产资料、劳动与产权的直接结合。劳动者股东由此可以进入企业股东大会、董事会和监事会等治理机构，全程参与企业的经营管理，获得部分（在股份制企业）

或全部（在股份合作制和合作制企业）剩余控制权和剩余索取权。如果我们不是把公有制设想为一种与私有制绝对对立的、没有个人产权的、劳动者作为一个混沌的整体共同占有全部生产要素的那种共产制，而是把它设想为一种在其内部有明晰的产权主体和一定程度的产权与利益差别的联合所有制，是一种继承了私有制的合理内核（个人所有权）的“社会个人所有制”（马克思语），如果公有制的本质不是要消灭个人所有权，而是要消灭剥削和两极分化、实现劳动者与生产资料的直接结合，那么，上述产权制度不是公有制又是什么呢？只不过这里所谓公有，不再是平均无差别地共有，而是指：一是每个劳动者都成为产权主体，成为企业的主人；二是由个人所有权联结而成的企业法人所有权对于个人的股权具有一定的独立性，不能还原和劈分为个人所有权，为了企业的永续成长，企业当期剩余的相当一部分要转化为公积金和公益金，用于再投资和其他企业公共事务。

四、劳动产权与工会的未来

（一）欧美国家工会应该走向与管理者在所有权层面的合作

工会参与管理也好，管理参与工会也好，都是以资本主义所有制即资本与劳动的分离和对立为前提的，因此，双方的参与和合作是有限的，一旦出现重大的利益矛盾，双方就会退出合作从而使合作走向破裂。泰尼鲍姆等学者进而倡导和追求一种更高水平的合作，即资本与劳动在所有权层面的合作。

工人和工会对所有权的分享要求产生于下列理由：

第一，工人事实上已经与他所在的企业结成了一种生死攸关的联系。从理论上说，工人是自由的，因为他对企业没有投资和责任，但实际上，由于工会的资历规则，某个工人离开一个工会和企业后，他将同时失去他作为成员而累积的医疗、生育、工伤、带薪假、老年和退休、死亡抚恤等方面的好处——保障性收入已经成为工人实际收入或总收入的越来越大的部分，而工资收入随着工龄的延长，其所占比重不断降低。本来，雇主愿意支付的是随时可以中断的合同工资，而不太愿意为工人提供安全保障，但雇主挡不住工人和工会长年累月地坚持并逐步得到实现的安全保障要求。客观上产生的结果反而是，工人一生的命运与他投身其中的企业紧紧地绑在一起了。为了保障工人一生的安全，工会必定走出最后一步：要求在企业中取得部分所有权。工人迄今所享有的保障都是通过施加压力、战争威胁和征服取得的，带有不稳定和暂时的性质，但是，人的幸福和安全不能建立在战争威胁之上。工人们和他们的工会应该在企业内并和企业一起寻找社会保障，而最积极的合作方式和最坚固的合作基础就是共享所有权[1]。

第二，从社会的、道德的、人本主义的角度出发，工人要超越“经济人”或不如说“经济动物”的生活质量，要超越单纯的金钱动机而与他的工作建立一种认同的、归属的、依恋的关系，首要的条件就是工人把企业真正看作是自己的企业，而这就意味着工人必须拥有所有权；无论如何，他们不会把别人的企业当作是自己的企业。一旦他们在他们投身其中的企业中建立了所有者权益或财产利益，他们就会建立对他们的财产、他们的工作以及他们为共同体其他人们所生产的东西的质量的责任[2]。

资本与劳动在管理层面的合作叫作参与，这是一种管理制度的创新；资本与劳动在所有权层面的合作则是一种融合和合并，这是一种企业产权制度的创新。这种融合和合并的结果就是工会——公司（Trade - union Corporations）。

作为资本与劳动、管理与工会的直接结合，工会—公司则既能克服现存工业制度的弊端，又能保留并发扬自由与首创精神。工会既是资本主义制度的真正替代者，也是权威主义国家

---

① Frank Tannenbaum: *The true society, A Philosophy of Labour*, New York, Knopf, 1951, pp. 183 - 186.

② Frank Tannenbaum: *The true society, A Philosophy of Labour*, New York, Knopf, 1951, pp. 188 - 189.

的一种真正可供选择的替代物，是我们的现代“社会”，是养育工业制度的唯一真正的“社会”。作为一个真正的社会，它关心整体的人，并且体现了与人的尊严本质相关的自由和安全的可能性。可以指望，工会和企业将最终合并在共同的所有权中，工会—企业将成为一种支配人的生活并使每一个人都具有所有人都承认的权利和责任的共同体①。

回顾欧美国家工会进入下行通道的历程，基本的原因可能有两个，一是未能及时从劳资集体谈判这种外部的对抗性博弈转向内在地参与企业管理并实现劳资共决；二是未能从维护劳动者的劳动权益转向维护和争取劳动者的产权权益。很多工会领导人对工人参与管理和员工持股这些新生事物不感兴趣。然而，如果不能实现这两个转变，欧美国家工会还会进一步衰退，甚至被历史淘汰，让位于新型的劳动联合组织。

（二）中国工会应该维护和争取劳动者的产权权益

1. 工会在构建产权关系中的作用

发达国家工会已经开始在构建新型产权关系和产权制度中发挥作用了。工会的这种作用，还没有得到我国劳动关系学界、

① Frank Tannenbaum：*The true society*，*A Philosophy of Labour*，New York，Knopf，1951，pp. 198 – 199.

工会学界和劳动经济学界的普遍认识和高度重视。有关工会的教材、专著和文章比较一致地认可：工会是劳动关系中劳动者的代表；劳动关系是工会工作的基本依据和出发点；工会要以劳动领域作为自己基本的活动领域；工会要以协调和稳定劳动关系作为基本的社会任务；工会的基本活动内容和活动方式是集体谈判和集体合同①。

上述观点相对于计划经济时代的工会理论是一大进步，反映了市场经济条件下工会性质、地位、职能、任务、作用的变化，应该看作是工会理论研究的一大成果。然而，把这种说法绝对化，仅仅认定工会在协调劳动关系中的地位和作用，而只字不提工会在建构和协调产权关系中的地位和作用，也是一种片面的、偏颇的认识，无法全面、准确地把握工会在现代社会的地位和作用，而且仅仅强调劳动关系与工会的关系而不强调产权关系与工会的关系，最终工会也无法完成其在劳动关系领域的职责和任务，因为劳动关系是深深地受制于产权关系的，或者说劳动关系是根本不可能离开产权关系这一更为根本的领域而独立存在和发展的。

我们可以而且应该提出一系列与上述命题相对应的命题：工会是产权关系中弱势一方的代表；产权关系是工会工作的基

① 孙中范、冯同庆、常凯．新编工会学．北京：人民出版社，2001：27—44

本依据和出发点；工会要以产权领域作为自己基本的活动领域；工会要以构建和发展公正的产权关系作为基本的社会任务；工会的基本活动内容和活动方式是组织职工参与企业产权的经营管理。

关于工会的性质、基本依据和出发点、基本活动领域、基本社会任务、基本活动内容和活动方式的理论概括，应该是上述两种提法的结合和统一。理由如下：

（1）从发达国家历史来看，工会活动已开始从劳动关系领域扩展到产权关系领域。

一个不可否认的历史事实是，工会最初是从劳动关系领域中产生出来的，是为了维护劳动者的基本劳动权益如为了争取更高的工资和较好的劳动条件而产生的。但从这一事实出发，得不出工会永远只能在劳动关系领域活动和维护劳动者的劳动权益的结论。事实上，工会之所以最初只限于在劳动关系领域展开活动，并不是因为它不应该维护劳动者的产权利益，而是因为当时的工会进入产权关系领域和维护劳动者产权利益的条件（客观条件和主观条件）还不具备。但进入 20 世纪以来，随着工人阶级的生产力和素质以及在经济生活中的地位和作用的提高，工会活动已逐渐渗透到产权关系领域，开始维护劳动者的产权权利了。工会通过推动工人参与企业管理、职工持有本企业股票，使职工参与企业产权管理、直接拥有企业产权，并因此而获取一部分企业利润。尽管工会的重心仍然没有转移到产权领域来，但至少已表明，把工会仅仅限定在劳动领域的观点已经过时了。不仅如此，随着知识经济的迅速发展，白领工人的不断增多，企业方面做出的人力资源管理力度不断加大，局限于维护工人劳动权益的传统工会出现从兴旺到衰落的趋势：工会的密度和覆盖率在不断降低，在劳动关系领域的地位和作用在下降。看起来，把工会的工作重心转向产权关系领域，吸引、团结和组织复杂劳动者和人力资本所有者共同争取产权权益，不可避免地成为工会改革和发展的方向之一。

（2）我国市场经济建设要求工会加入产权关系和产权制度的建构和调整。

我国进入市场经济与西方国家进入市场经济的初始条件是不一样的：西方国家是在私有制的基础上发展市场经济的，不存在公有财产在市场经济中如何重组和劈分的问题，劳动者一开始就是作为自由的、一无所有的雇佣工人进入生产过程的，他们除了争取自己的劳动权益外，没有足够的根据去争取自己的产权利益，这就决定了西方国家的工会最初只能在劳动领域开展活动；我国目前的市场经济则是在公有制的基础上和前提下发展起来的，从理论上和法律上说，劳动者同时也是公有财产的主人，因此，在建构与市场经济相适应的分立的产权和现代企业产权制度时，就存在一个如何落实劳动者的所有权或产权的问题。这是西方国家工会与中国工会所处的不同的历史环境。中国工会是工人阶级的群众组织，代表职工的合法权益，就不仅应当代表职工的劳动权益，而且要代表职工的所有者权益和产权利益。

2. 工会不仅是职工集体劳权的代表者和维护者，而且也应成为职工集体产权的代表者和维护者

目前，工会理论界相当一批人便把劳动者或普通职工的“具体利益”“经济利益”或“经济权益”等同于其“劳动权益”，这不能不说是一个思维误区。劳动权益固然是一种经济权益，但经济权益不仅包括劳动权益，而且包括更重要和更根本的产权权益；工会不仅要代表和维护职工的劳动权益，而且要代表和维护职工的所有者权益或产权利益，也正因为目前职工在后一方面的权益未引起应有的重视，工会在这方面的维护职能也就更有必要，更加任重而道远。

工会不仅要协调劳动关系，而且要协调产权关系；不仅要维护职工的劳权，而且要维护职工的产权；不仅是职工集体劳权的代表者和维护者，而且也应成为职工集体产权的代表者和维护者。工会之所以要成为职工集体劳权的代表者和维护者，是因为普通职工作为单个劳动者在劳动关系和劳动力市场中是分散的、软弱的、无力的，因此应当把单个人的劳权组合为集体的劳权，通过结合和组织成为工会，并由工会作为代表与劳动关系的另一方进行集体协商、集体谈判，签订集体合同，以此来维护劳动者的劳动权益。工会之所以要成为职工集体产权的代表者和维护者，是因为普通职工只拥有少量的、分散的产权，在产权关系和产权市场上也处于弱势地位，因此应当把单个人的产权组合为一种集体的产权，通过结合和组织成为附属于工会的职工持股会，并通过职工代表大会、职工董事监事等有效的机制加入企业治理结构，与产权关系的另一方共同决定企业生产、经营和分配等方面的重大事项，从而维护职工、劳动者的所有者权益或产权利益。

至此，我们可以用这样几句话来总结本节的基本内容：劳动关系和产权关系是工会的基本依据和出发点；工会是劳动关系和产权关系中弱势一方的代表者，必须以维护劳动者的劳动权益和产权权益作为自己的天职；劳动关系领域和产权关系领域是工会基本的活动领域；工会要以构建、协调、发展公平正义的劳动关系和产权关系作为自己的基本目标和基本任务；代表职工进行集体谈判和签订集体合同与参与企业产权经营管理，是工会的基本活动内容和活动方式。

第六章

工人经济的特殊形态

团结互助合作经济

在工人经济的初级形态中，资本对于劳动具有压倒性优势；在工人经济的中级形态中，资本对于劳动具有相对优势；在工人经济的高级形态中，资本和劳动处于均势状态。目前发达市场经济国家正处在工人经济的中级形态向高级形态的转变过程中。在市场经济和工人经济200多年的发展过程中，还一直存在着一种特殊的工人经济形态，那就是劳动者的团结互助合作经济。这是一种以劳动要素控制和雇佣资本要素的经济，是劳动者以民主方式独立自主地进行生产、经营、交换、分配和消费的经济，是社会主义经济理想的原型和发源地。资本主义社会的劳动者运动一直以工人运动为主流，但合作社运动也是其不可忽视的支流。按其本质而言，团结互助合作经济似乎是最高级的工人经济形态，但按其现实而言，它又是经济弱者抱团生产经营的一种方式，因此又被人们称为穷人经济、弱势群体经济、道德经济，并且在整个市场经济体系中一直未能得到长足的发展。它在将来是否会成为市场经济和工人经济的主要形态尚未有定论，因此，我们姑且把它称为工人经济的特殊形态。

一、团结互助合作经济的本原

在英文中，Unite（团结）、Mutualize（互助）、Cooperate（合作）是三个意义相近和互释的概念，与自由、平等、正义一样，它们是社会主义运动和工人运动基本价值观的关键词和标配，也是工人经济的关键词和标配。在与资本主导型经济的对比之中，团结互助经济显示出它的本质和原则。

（一）团结互助经济的本质

1. 股份制与合作制的性质比较

资本主义经济的最初形式是个人和家族企业，后来发展为股份制企业。股份制是资本主义的私人占有制与生产社会化矛盾的产物，是资本主义为了适应生产力的发展而做出的自我调整，其主要特点是资本在一定程度上和范围内的社会化，即小资本联合为大资本。当然，资本一定程度的社会化，只意味着企业股东人数的增多，并没有实现企业内部所有员工的有产化；资本一定范围的社会化，局限于企业内部，仍然不是资本在全社会范围的公有化。股份制的历史地位和意义在于以下三点。

第一，在一定程度上缓解了资本私人所有制与社会化大生产的矛盾，在一定程度上消除了企业生产受市场摆布的盲目和无计划状态，实现了资源的优化配置和生产的规模发展。

第二，通过建立企业法人制度和有限责任制度，实现了所有权与经营权的分离。在股份公司中，投资者既扩大了资本规模又分摊了风险，经营者和职业经理人掌握了企业法人财产的实际支配权和使用权，使企业突破了私人占有和家族的局限，而转向专业化的、科学的经营管理，实际上反而使投资者得到更为稳定和长期的回报。

第三，缓解了劳动与资本的矛盾，这表现在两个方面，一是经营者和职业经理人从企业的长远发展目标出发，不能仅仅实现投资者短期利益最大化，也要在一定程度上代表劳动者的利益，把劳动者的行为引向企业的目标；二是普通的劳动者也通过员工持股制度掌握了企业的部分股权，在一定程度上实现了资本与劳动的结合。股份制的普遍发展，大大缓解了劳资矛盾，“二战”以后，资本主义进入一个和平和长期稳定发展的阶段。当然，股份制仍然以资本联合为主，劳动者只占有企业很少的股份，不足以改变资本对劳动的支配；经营者也基本定位于资本一方，首先要对股东、股东大会负责，而不是对职工和工会负责。

与股份制不同，合作制是劳动的直接联合，这是以劳动合作为主、资本合作为辅，由劳动支配、控制、雇佣资本的一种企业制度，是建立在劳动者个人所有权基础上的、一定范围内的共同所有制。这种制度是资本主义的直接对立物，它消除了物对人的统治，使劳动者成为企业的主人，同时也为劳动者提供了一种高度社会化、人道化、情感化的生活方式。“合作社是一种由自愿团结的人们所组成的自治自主的联合，目的是通过共同拥有和民主控制企业来满足他们共同的经济、社会和文化需要。”①

但是，合作制在经济上也具有内在的局限性。

第一，合作制的生产目的是为合作社成员服务，而不以追求利润为目的，因此，缺乏强烈的扩张冲动，很难向规模经营发展。合作制既然以劳动合作和按劳分配为主，就会限制内部社员和外来出资人的出资比例和利润要求，大大降低社员的投资积极性，也使企业很难获得进一步发展所需要的外部资本，只能依靠企业本身缓慢地积累来扩大生产规模。在市场经济条件下，难以与资本主导型企业进行有力的竞争。

第二，合作制的经济效益高低取决于社员思想道德水平的高低，而不取决于严格的投入产出、成本收益法则，因为合作社成员的收益主要不取决于其拥有的资本，而取决于其劳动的贡献。然而，劳动的贡献取决于个人思想道德这种软性的激励

---

① See Race Mathews, *Turning the tide*: *towards a mutualist philosophy and policies for labor and the left*, Melbonrne: Australian Fabian Society and Arena publications, 2001.

和约束机制，短期内可能有效，久而久之，很容易产生部分人“吃大锅饭”“搭便车”的现象，影响能力强、贡献大的劳动者的劳动积极性。

第三，合作制采取一人一票的民主管理和决策机制，这对于小企业是适用的，但对于规模较大的企业，由于在纵向管理体系的每一层级上，都必须实行集体领导和民主决策，就必然造成决策成本高、决策效率低的现象，难以抓住变化莫测的市场中转瞬即逝的商业机会。因此，合作制是很难与规模经济相容的。

第四，有的合作社不以资本合作为条件，即不以个人所有权为基础，而实行劳动集体对生产资料的共同占有，如南斯拉夫的工人自治和我国 20 世纪 50 年代的农村高级合作社。实践证明，在这种集体所有制中，个人利益没有得到产权界定，很容易产生高分配、低积累、短期行为、平均主义，无人得到激励，也无人对企业的保值增值负明确的责任，可能使企业发展失去后劲。

2. 股份制和合作制的发展前景

合作制的局限性，使它基本上只能适用于小企业或竞争性较弱的行业，而不适用于大企业和竞争性较强的行业，很难与以资本联合为主的股份制相抗衡。这就是为什么股份制公司成了一种主导的企业制度，而合作制至今还没有得到很大的发展。

可以说，合作制得以大规模发展的历史条件仍不具备。

第一，虽然资本与劳动的力量对比已有很大的改变，资本地位相对降低，而劳动地位相对提高，但是时至今日，在世界范围内，物质财富和物质资源相对于人类欲望和需要的满足，仍处在短缺和匮乏状态。资本对劳动也仍然处在相对优势的地位，以资本主导的企业制度仍然适合现阶段的生产力水平。在漫长的历史阶段，资本主导型的企业制度，仍将适用并继续保持主流企业制度的地位，而劳动主导型的合作制则只能在某些行业和领域以有限的规模存在。在这种情况下，人们只能做到：首先，对资本的占有更加多元化、普遍化、公平化、大众化，让更多的人、让每个社会成员都享有资本所有权，并尽可能缩小资本占有额的巨大差别；其次，在企业管理和收益分配上，进一步扩大民主管理和利润共享，加强劳动对资本的制约和按劳分配的力度。

第二，虽然世界经济已越来越社会化和一体化，但市场经济仍然是一种最有效的资源配置方式，而在市场经济中，企业之间必然存在激烈的竞争。很显然，合作制企业由于存在上述种种局限性，很难在市场经济中得到大规模的发展。合作制企业要突破自身的小规模和局限性，在市场经济下得到扩大和发展，就必然会改变自身的性质而转化为股份公司。

（二）团结互助经济的原则

尽管在纯粹经济的性能方面，团结互助经济很难与资本主导型经济抗衡，但作为一种道德经济和生活方式的结合，它的一些基本价值理念和原则至今还在感召世界上成千上万的人。

1. 罗虚戴尔原则

罗虚戴尔公平先锋社成立时，曾经制定了八项原则，史称“罗虚戴尔原则”。

第一，自愿原则。社员入社全凭自愿，并有退社自由。规定新社员必须“品行良好，诚实无欺”，并须经正式社员介绍和社员大会方始通过，以防不良分子介入。

第二，一人一票原则。合作社实行民主管理，重要议案须经社员大会通过，每个社员不论股金多少，表决权坚持一人一票，不论男女一律平等。

第三，现金交易原则。合作社本小利微，赊欠必然引起管理不善和资金周转不灵从而导致破产。为此，社章规定无论售货或进货，一概不准赊欠。

第四，公平买卖原则。合作社所售货物保持品质优良和足斤足量，并按市场正常价格出售，不受商业价格竞争影响。

第五，集资原则。社员自愿集股筹资，可以按社章规定退股，但不允许转让和买卖。

第六，盈余原则。除去股息、公积金、教育基金外，其余按社员交易额分配。

第七，教育原则。按经济力量逐步举办各种教育事业，提高社员的文化知识、互助合作意识和道德修养。

第八，政治和宗教中立原则。合作社吸收社员，不受政治和宗教信仰的限制。

其中第一、二项原则为组织原则，体现了以人为本的精神和弱势群体的民主、平等特征；第三、四项为经营原则，体现了市场经济条件下弱者组织坚持的诚信交易原则；第五、六项为资金管理和分配原则，体现了在市场经济规律作用下，合作社在资本筹集上的特点和利益分配上的优势；第七项原则是合作社文化发展原则，体现了合作社高度重视人力资源和人文道德的办社倾向；第八项是政治原则，因为在当时英国只有两个资产阶级政党，无论支持哪一个，合作社都会被资产阶级政党所控制，只有中立，才能保持工人合作社在政治上的独立性。

2. 蒙德拉贡联合公司的四项核心价值

成就卓著、名声最大的西班牙蒙德拉贡联合公司（MCC）确立了四项核心价值观。

第一，合作（Cooperation），社员既是劳动者，又是所有者，社员利益与企业发展荣辱与共、休戚相关；

第二，参与（Participation），人人持有“股份”，并参与管理，分享利益；

第三，社会责任（Social Responsibility），平等分配财富，以集体利益优先，个人目标与社会目标相一致，兼顾环境与社区利益；

第四，创新（Innovation），使合作社的基本原则与不断变化的市场经济结合起来。

3. 斯科特·巴德联合企业的合作哲学

英国经济学家舒马赫在其蜚声世界的《小的是美好的》一书中，提倡发展中间技术和中小企业，以取代超级技术和大型企业，作为经典案例，他向人们推荐了斯科特·巴德联合企业。

欧内斯特·巴德年轻时就不甘于一辈子做上班族，极为厌恶“劳力市场”“工资制度”等字眼，但在他成了老板和雇主后，他又从另一个角度出发继续反对“将人分为被人管的和管人的资本主义哲学”，他决心在自己的公司里引进一种“让产业切合人类需要的哲学”。他把自己所要解决的问题分为两个：第一，怎样在不损害获利的情况下，在公司里建立起最大限度的自由、快乐和人性尊严。第二，用一般而言可以被产业界的私人部门接受的方法来做到它。1951 年，他正式创立斯科特·巴德联合企业，把原有企业的资本分两次转入其中，与此同时，他从前的雇员变成了现在的新伙伴即联合企业的成员。联合企业的章程规定如下。

第一，公司保持在有限规模之内，不超过350人；如超出此限度，可按巴德联合企业的模式另立新企业；

第二，最低报酬与最高报酬之比不得超过1∶7；

第三，联合企业成员都是合伙人，虽可自愿退出，但无重大过错不得被开除；

第四，董事会对企业负责，由联合企业成员任免；

第五，净利的60%保留在企业中，余40%一半分配给公司同人，一半用作慈善用途；

第六，公司的经济使命是要争取到在设计、制造、服务方面可以让公司赚到利润的订单；技术使命是以最新的产品设计获取订单，并获得利润；社会使命是让公司员工在工作参与过程中，有得到满足和发展的机会；政治使命是为其他人提供一个经济上健全、社会方面负责的例子来鼓励他们改变社会。

20年过去后，巴德联合企业的年营业额由62.5万英镑增加到500万英镑，年利润由7.2万英镑增加到30万英镑，成员由161人增加到379人。在这里，每个人都有机会将他自己提升到更高的人性层次，都能自由自在、高高兴兴地配合着公司目标一起来达到自我实现和自我超越的目标①。

---

① E. F. 舒马赫．小的是美好的，李华夏译．北京：译林出版社，2007：228—233

4. **国际合作社联盟的基本价值观和基本原则**

国际合作社联盟主席马卡斯，在1988年联盟第29届代表大会上做了以《合作社与基本价值》为题的报告，总结了合作社的历史，指出下列几点已成为合作社基本价值的重要组成部分：自助的价值——积极性、创造性、责任感、独立性、自己的事自己做；互助的价值——合作、团结、和平、集体行动；不追求利润的价值——保护资源、反对唯利是图、不占他人便宜等；民主的价值——平等、参与、合作；自愿的价值——责任感、独立性、多元性；普遍的价值——全球性、开放性；教育的价值——知识、理解、洞察力等；目的的价值——服务、方便、为社员谋利益等。

根据上述核心价值观，国际合作社联盟重新概括和表述了合作社的基本原则。

第一，自愿和成员资格开放：成员资格可以自愿和不受歧视地取得。

第二，成员民主控制：合作社按成员事先约定的方式管理，成员享有平等的投票权。

第三，成员经济参与：成员为合作社提供资本金，其中须有一部分作为合作社的公共财产，作为成员的条件之一是，对其投入的资本金，只获取有限的资本金补偿，对股份利息进行严格的限制。盈余按三部分分配：建立合作社发展储备基金，其中至少有一部分是不可分割的；成员按与合作社的交易额受益；用于支持合作社大会批准的其他活动。

第四，自治和独立：合作社是成员的自治和自助组织，它在与政府和其他组织的关系中必须保持成员的民主和自治。

第五，教育、培训和宣传：为了顺利组建和良性发展合作社，必须对其成员、选举的代表、管理人员和雇员进行合作原则和合作技术方面的宣传、培训和教育。

第六，合作社之间的合作：为了以最有效的方式为成员服务，应加强合作社之间在地方、全国和国际范围的合作。

第七，关心社区：合作社通过其成员批准的政策，为社区的可持续发展而工作①。

这七条原则，也被称为罗虚戴尔原则。目前国际上大部分合作社都是按照这些原则建立其产权制度、经营管理制度和分配制度的。

二、团结互助合作经济的发展

（一）早期合作制思想和实践

最早的合作实践是英国圈地运动后失地失业贫民本能的自

① See Race Mathews, *Turning the tide* : *towards a mutualist philosophy and policies for labor and the left*, Melbonrne: Australian Fabian Society and Arena publications, 2001.

救行动，最早的合作思想产生于1830年左右，其主要倡导者是英国的欧文和法国的傅立叶、圣西门。他们认为，公共村社和生产合作是理想社会产生的基础和先决条件，是每个人的才能都得到充分发挥的基础和先决条件。当时影响较大的合作实践有欧文的“新协和”合作计划、傅立叶的门徒孔西得朗的合作居民区和罗虚戴尔公平先锋社。罗虚戴尔公平先锋社是英国曼彻斯特附近的罗虚戴尔镇28个纺织工人于1844年组建的消费合作社，其运作原则主要有自筹股金、一人一票、利润按交易额或股金比例分配。合作社是典型的强调公平的民间组织，特别适合于抵抗市场冲击能力较弱的产业，因此，农业成为合作制发展最广泛而持久的产业。

（二）马克思主义的合作理论和实践

马克思、恩格斯设想，无产阶级革命以后，合作经济组织应成为农民独特的社会主义生产组织形式：“我们掌握了国家权力的时候——对于小农的任务，首先是把他们的私人生产和私人占有变为合作社的生产和占有。”在这个过程中，不能剥夺农民的土地和财产所有权：“促进土地私有制向集体所有制过渡，让农民自己通过经济的道路来实现这种过渡；但不采取得罪农民的措施，例如宣布废除继承权或废除农民所有权。”既不能无偿剥夺，也不能有偿地剥夺，而要“按入股土地、预付资金和所出的劳动的比例分配收入”，即同时实行按资分配和按劳分配。

苏联新经济政策时期，实践了马克思恩格斯的这一思想。列宁在《论合作制》一文中指出：“向做买卖的农民让步……产生了合作制的巨大意义”；合作制“使全体农民个个都参加合作社的买卖”，从而实现了农民的“私人利益、私人买卖与国家对这种利益的监督与结合”。布哈林也主张“和平长入社会主义”。但是，后来掌权的斯大林不惜以强制手段高速推行集体化，剥夺了农民的所有权，建立了集体农庄制度。

20 世纪 50 年代，中国农村合作化运动经历了一个由初级合作社到高级合作社再到人民公社的飞跃过程。初级农业合作社基本上实现了马克思、恩格斯、列宁关于合作制的设想，也就是说保留了农民的个人财产所有权和按资分配。但是很快，这一特点被认为是保留了资本主义性质，因此，必须过渡到取消这一特点的、完全具备社会主义性质的高级农业合作社。在高级农业合作社里，农民的生产资料有偿地折价卖给合作社，而土地则无偿地交给集体。而后，又进一步取消高级农业合作社“集体所有”的性质即“小公”的性质，而建立具有“大公”性质即共产主义性质的人民公社。农村合作化运动夭折了。

脱离苏联模式的南斯拉夫，在合作经济理论和实践上取得了可圈可点的成就，这就是蜚声世界的工人自治经济。南斯拉夫试图依据马克思的社会个人所有制思想，建立一种不同于国家所有制和计划经济的社会主义模式，这一模式的基本要点是社会共同所有制、工人自治和社会计划指导下的市场经济。根据南斯拉夫《关于工人集团管理国家经济企业和高级经济组织的基本法令》（1951 年）、《宪法》（1963 年）和《联合劳动法》（1976 年）的规定，南斯拉夫实行生产资料的社会所有制，即生产资料归全民所有，是社会劳动不可分割的共同基础。工厂、矿场、交通、运输、贸易、农业、林业、公用事业和其他国家经济企业，作为全民的财产，由工人集团代表整个社会在国家经济计划范围内加以管理。工人集团通过工人委员会和管理委员会来管理企业——工人委员会由企业工人普遍、直接、平等地秘密投票选出，是企业的最高权力机构。而管理委员会是由工人委员会选举和罢免的执行机构，国家通过社会计划来协调生产和分配中的基本关系，工人自治团体（企业）在这些关系和统一的经济制度的范围内自主经营并决定收入的分配，各企业间的交换、合作和竞争，由市场调节。南斯拉夫的自治社会主义模式在世界上有很大的影响，市场社会主义的一些代表人物，都赞成这样一种“生产资料社会所有—工人团体民主管理企业”或“劳动雇佣资本”的劳动管理型经济模式。

（三）市场社会主义合作经济理论

长期以来，合作社主要是在资本主义市场经济的空隙和边缘地带发展。那么，20 世纪末 21 世纪初世界合作社运动的复兴和高速增长是否意味着，合作市场经济很可能是资本主义市场经济的一种有效替代模式呢？在 19 世纪，的确有人认为，应该用合作社取代资本主义企业，比如拉萨尔就主张在国家贷款的支持下建立和发展大批工人合作社，这些合作社既能替代资本主义私人企业，又能防止国家直接掌握和垄断全部生产资料。但是，进入 20 世纪后，西方国家中的社会主义不幸蜕变成了工联主义、集体讨价还价和国家干预主义，这种合作主义社会理想就破产了①。一个世纪以来的社会民主主义，虽然在其他方面取得了较大的成绩，但是在社会主义的微观经济制度的建构方面，的确乏善可陈。于是，一部分民主社会主义思想家转而探讨社会主义的基本原则与市场经济相结合的微观机制，他们把这种探索称为“市场社会主义”，其核心因素正是生产者合作社；他们又把这种经济制度称为“工人所有制”“工人合作社”或“劳动雇佣资本型经济”“劳动管理型经济”。

---

① 克里斯托弗·皮尔森．新市场社会主义——对社会主义命运和前途的探索，姜辉译．北京：东方出版社，1999：171

1. 市场社会主义的基本含义

所谓市场社会主义，就是“把经济的社会所有制原则与继续通过市场机制配置商品（包括劳动）的做法结合起来的一种经济和社会制度”。[①] 它的两个基本环节就是市场经济和社会所有制。对市场社会主义来说，市场不仅是社会主义取得更大经济效率的手段，而且也是达到更大程度的个人自由、社会民主和提高社会公正的途径。取消市场竞争，不仅将降低经济效率，而且也无法达到社会公正。在市场社会主义的经济模式中，市场是主要的调节机制，而中央计划将受到严格的限制。社会所有制是一种与市场内在贯通、衔接的所有制形式，它一方面与传统的私有制是对立的，另一方面又与国家所有制是对立的，国家所有制将受到严格的限制。因此，它处在一个广阔的社会平台上，处于个人与国家之间的中间层次，是一种“联合起来的个人”的法人—社团所有制。

2. 社会所有制的两种类型：大社会所有制与小社会所有制

市场社会主义要实现社会所有制和市场经济的结合，对此大家没有争论。引起激烈争论的是，所谓社会所有制，是否认个人所有的共有制，还是承认个人所有的联合所有制？是全体

---

① 克里斯托弗·皮尔森. 新市场社会主义——对社会主义命运和前途的探索，姜辉译. 北京：东方出版社，1999：104

公民的大社会所有制，还是一定范围内的公民团体的小社会所有制[①]？第一种思路是南斯拉夫自治社会主义的继续，而第二种思路是资本主义国家传统的合作制的继续。

第一种思路是大社会所有制与工人管理间接统一模式，所有权归社会，经营使用权归企业工人集体。埃斯特林、罗默等欧美市场社会主义的代表人物基本上沿袭这一思路：

> 埃斯特林：实行社会所有权与工人管理企业的分割即所谓两权分离，“工人被赋予资本的使用权，可以增值资本和调配资本。他们从中赢得收入。然而他们并不拥有它们，也不允许卖掉或抛弃它们。资本股票为社会集体所有，只是由某些特定的工人集体进行管理”。资本应当看作是一种投入，就像从特殊借贷机构所借款似的，工人应该民主地控制企业而不是拥有企业。
>
> 施韦卡特：每个企业都必须由劳动者民主管理，但劳动者自己并不拥有生产资料，生产资料归社会集体所有。
>
> 罗默：生产资料归社会所有，而由劳动者集体经营，政府通过贷款利率手段来干预经济，指导投资水准和投资

① 在英文中，社会和社团都用 Society 表示。

模式，人民通过民主政治对社会公积金的使用行使某种程度的“集体控制”；公司利润在纳税后以“社会红利”形式在所有成年公民中平等分配，公民有工资、储蓄利息和社会红利三种收入。

第二种思路是小社会所有制与工人管理的直接统一模式所有权和经营使用权都归工人集体。欧美市场社会主义另外一些著名的代表人物沿袭了这种历史悠久的合作社传统：

米德：工人联合起来形成集体或合作社团以经营企业；他们根据投入和产出，以自己能够获得的最好市场价格租用资本、买进原材料和出售企业产品，他们自己承担意料不到的盈亏风险，并在集体内分配因此而产生的盈余。由于是按市场原则租用资本，外部资本则既可能是公有的，也可能是私人的。

范尼克：企业全体工人平等地参与企业管理，按一人一票制的原则，选举产生工人委员会、行政管理机构和企业经理；由一个民主的、一致同意的方案在不同强度和质量的劳动之间分配利润，其中一部分直接支付给工人，另一部分作为储备金，是企业全体成员的集体账户，每个成员按各自的贡献，以利息形式享有集体账户中资金的增值；纯粹的资本所有者则只拥有一种稀缺价格的享用权，相当于获得一笔租赁资本的租金；职工有择业、进出企业的自由，而企业也有雇佣、解雇工人的权利。这种模式可以叫作“工人管理的市场经济”。

比较以上两种模式，第一种模式否定工人的个人所有，工人只能以集体形式对社会所有的生产资料拥有经营使用权和收益权。但是，正如我们从南斯拉夫自治社会主义所看到的，社会所有制很难和国家所有制划清界限，因为总得有一个机构来代表社会在不同企业之间分配生产资料。这个机构，不管是叫作“计划委员会”，还是叫作“国家银行”，都拥有对生产资料的一种垄断权力，与市场经济所要求的资源在各个企业、各个地区、各个行业之间自由流动是矛盾的。所以这种经济与其叫作市场经济，不如叫作计划经济。这种模式不能防止各个工人团体从本位利益出发，对属于全社会的生产资料进行掠夺性经营，把本企业工人收入的最大化放在首位，而对社会所有的生产资料的量的增长和质的提高漠不关心。同时，在工人团体内部，也不能防止平均主义、“搭便车”和“吃免费午餐”的现象，不能防止没有上进心、责任感和能力较弱的工人以民主的多数票剥削那些有上进心、责任感和能力较强的工人。

第二种模式则没有否认资本的个人所有权，只不过把资本雇佣劳动转变为劳动雇佣资本了。但这种模式仍然太多地局限在传统的合作社范围内，解决不了企业的融资能力问题、规模经营问题、劳动力自由流动问题等市场经济中必然发生的问题。

第一种模式实际上已被历史经验所证伪。因此，出路在于改造第二种模式。

（四）当代世界合作社运动的新趋势

根据中国工合国际委员会得到的关于世界合作社运动的统计信息，合作社运动把世界上超过 8 亿人组织起来，合作社企业在它们所处的社会中发挥着重要的经济和社会作用。下面一些数据显示了合作社运动对经济、社会发展的关联和贡献。比如，在亚洲，有 4530 万人是信用联社成员。在德国，有 2000 万人，约全国 1/4 的人口是合作社成员，8106 个合作社为 44 万人提供了工作。在日本，每 3 个家庭中有一个是合作社成员。在印度，超过 2. 39 亿人是合作社成员。在巴西，合作社对农业 GDP 的贡献达到 40%，承担了农业联合企业总出口的 6%。在法国，10 个农场主中有 9 个是合作社成员，21000 个合作社提供了 400 多万个工作。在挪威，奶业合作社承担了牛奶生产总量的 99%，消费者合作社占有市场份额的 24. 1%，渔业合作社承担了渔业出口总量的 8. 7%，林业合作社担负了木材产量的

76%，在450万挪威人中，有150万是合作社成员[①]。

合作社发展的历史表明，在社会和经济迅速变革的时代往往会出现合作社发展的高潮。第一次高潮出现在19世纪农业经济时代向工业经济时代的转变时期；进入21世纪，社会开始由工业经济时代转向知识经济时代，合作社为适应新的社会和经济发展的需要再次发展起来。我国学者周连云论述了当代国际合作社运动的新背景、新优势、新特点，摘其要点介绍如下。

1. 当代国际合作社运动的新背景

近年来，世界政治环境、经济环境发生了巨大变化，为合作社的推广和发展创造了前提条件。全世界对合作社发展有重大影响的因素主要有：政治民主化趋势，经济全球化趋势，全世界财富分配方面的危机，对人类可持续发展的共同关心，各国政府职责和作用的加强，等等。以上各种因素，为合作社的发展创造了新的历史条件，并赋予合作社发展以新优势、新价值和新特点。

2. 当代国际合作社运动的新优势

在当前经济全球化市场经济条件下，合作社的存在和发展有其特殊的价值和优势。

---

① http：//www. iccic. org. cn/cn – info – show. php? infoid = 385，发布时间：2008 – 10 – 21 。

（1）合作社体现了民主，提高了人民参与经济社会事务的程度。

合作社是人们自愿联合起来的、通过联合所有民主控制的企业来满足共同的经济和社会需要的自治组织。合作社的基本价值理念是自助、平等、公平、团结，而民主制度体现并有能力实现这些基本理念。合作社不仅是劳动阶层自愿合作、联手进军市场的经济行为，而且是弱势阶层以自主、自强、自律方式参与社会管理的政治运动。创造机会、赋予能力、提供保护，使得合作社能够帮助弱势群体摆脱贫困和社会歧视，把他们的利益导入主流经济生活。合作制作为弱者联合、自保、自强的机制，成为工农大众及其他弱势阶层的必然选择，成为他们谋求经济利益、提高政治地位的重要途径。全球民主化趋势呼唤着代表弱势阶层的合作制，而合作制也顺应了时代发展的要求，这是大势所趋。

（2）合作社作为跨国公司的抗衡力量，可以有效地抵制垄断。

私有化、全球化的推进对各国经济的发展产生了巨大的影响，同时也为各国带来严重的社会问题，如两极分化、社会动荡问题，需要一种与之抗衡的力量。面对一个被垄断和控制的市场，要么由几个经济单位联合成一个新的垄断组织来抗衡已有的垄断组织，要么用组建合作社和合作社联盟的办法来抗衡大企业的垄断。美国制度学派的代表人物道格拉斯·诺斯认为，合作社的市场占有率只要达到15%至30%，就足以实现其引入市场竞争的目标。由此可见，合作社可以有效地限制垄断，保护竞争；对市场经济制度的建立有序竞争市场的扩展，有着特别重要的作用。

（3）合作社的社会稳定作用。

目前，世界上贫富之间的差距加大，世界财富越来越集中在少数人手中。对于弱小、力量分散的小业主和处于不利竞争地位的农民来讲，合作制是其进入市场的有效通道。合作社是一种规模经济，提供了一种制度和手段，使分散的个人能够联合起来组成自助的团体；合作社又始终把社员的利益放到首位，增强了他们自我积累和自我发展的能力。

（4）合作社是促进人类可持续发展的重要力量。

可持续发展是指一种在不损害后代利益的前提下满足现实需要的发展。对待可持续发展的一种全面的观点是把自然资源与人力资源结合起来，既达到社会经济增长，又无须耗竭世界有限的自然资源。合作社的原则和实践与人类可持续发展的基本精神完全相一致。100多年来，合作社在稳定农业、减少贫困、保证食品供应、维护绿色消费、为人民提供稳定的生活、创造就业机会、促进更清洁的生产技术的利用、重新利用废品、保护与改善土壤、建立保护环境的市场营销体系等方面，都为可持续发展做出了贡献。未来的合作社，会在人类可持续发展方面做出更大的贡献。

（5）合作社是负责任的政府的最佳合作伙伴。

合作社社员信奉诚实、公平、社会责任和关心他人的道德价值观。虽然这种价值观在任何一个组织都存在，但在合作社企业里表现得更充分、更明显。同其他类型的企业相比，合作社始终能够把社会目标放在更重要的位置，体现出同社会发展的协调一致性，因而是各级政府捍卫公共利益最有力的助手和伙伴。一个好的政府必须致力于促进公正，消除不平等，提供良好的基础设施，为每个人创造就业机会，提供社会服务，适当分配国家资源，保护环境，保证粮食供应充足等。这个好的政府在解决所有问题时，都能够与合作社找到共同语言。“全球化社会问题世界委员会”的最新报告指出，合作社运动能够促进政府和多边体制紧密合作，为实现公平的全球化奠定基础。

3. 当代国际合作社运动的新特点

与传统合作经济的小规模、边缘化、封闭性不同，当代国际合作运动出现如下新特点。

（1）合作社业务领域和服务范围不断扩大和拓展。

进入 20 世纪，合作社发展的地域越来越广，涉及的领域越来越多。目前，合作社已遍及世界五大洲的 160 多个国家和地区，在农业、工业、流通等各个领域都在广泛地发展，从人们的农、食、住、行到生、老、病、死，从生产到消费，从摇篮到坟墓，都有合作社提供周到的服务。世界各国合作社创办的形式越来越多，服务范围越来越广。除农业合作社、城市消费合作社、信用合作社外，还出现了种类繁多的服务性合作社，如住宅合作社、保险合作社、电子合作社、能源合作社等。

（2）合作经济组织专业化与联合化程度日益提高。

这表现在新一代专业合作社不断涌现和农产品专业协会、行业协会的产生两个方面。如果说专业合作社表现为合作经济水平、层次和竞争力的提高，是合作经济的一种纵深的发展，那么，协会就是政府与农民及其合作组织之间相互沟通、密切联系、更好地维护农民利益的社团组织，是一种横向的联系和联合。协会组织是各类合作社发展到一定程度的产物，是确保合作社健康发展、进一步维护社员利益必要而有效的机制。在专业化和联合化双向发展的基础上，已经出现了合作社的规模化和集团化经营。从分散化、小型化向集约化、大型化、集团化经营发展，是合作社应对市场竞争的必然选择。规模化经营是加拿大、美国合作社运动的一个非常明显的特点。目前，加拿大有 17 家非金融类合作社跻身于本国 500 家最大企业的行列，美国合作社大约有 20 家企业年营业额超过 10 亿美元。

（3）合作社体制与市场经济更加融合和统一。

从微观经济角度考察，合作社是一种与市场经济相适应的非常重要的企业组织形式，正是这种适应性和相容性，决定了合作经济和市场经济能天然地结合起来，并充满生机和活力。主要表现在如下方面。

在经营方式上出现连锁化、现代化趋势。为应对生产商的巨型化、跨国化趋势，增强与生产商谈判的能力，商业企业大都进行连锁化经营。合作社本身具有的合作与联合的本性，使得连锁经营迅速成为消费合作社的主流经营模式。

在经营范围上出现国际化趋势。沃尔玛、麦德隆、家乐福等跨国连锁机构的发展，给较小的连锁集团造成强大的竞争压力，也迫使合作社一改以国内社员为服务对象的内向发展原则，转而出现跨国发展的新潮流。

在企业组织形式上出现开放化、多元化趋势。产生了传统合作社、新生代合作社、双重股份混合合作社、有限第二方股份合作社、公司化合作社等多种形式并存的格局。

在企业经营上实行公司化运作。一是实行投资主体多元化，在保证社员对合作社的所有者地位的前提下，开拓多种融资渠道，以解决自身资金短缺的问题；二是合作社也对外投资参股，进一步扩大业务经营领域。

合作社地位法律化。西方各国政府把促进合作社的发展作为协调社会经济关系、保持社会平衡的重要手段，多管齐下保障合作经济的发展①。

三、股份合作制：一种新合作主义

（一）股份合作制是股份制与合作制的结合

从逻辑上，可以通过改造股份制和合作制，来缔造社会市场经济或市场社会主义的微观经济基础。

第一，在资本主义股份制的基础上，引入和扩大职工持股，直至职工全员持股并且使持股总额足以使职工获得控股权，从而也使职工获得经营管理的决策权。这样一来，传统的资本主义股份制，即以少数人的资本结合为主的企业组织形式，就发展成为以职工持股为重要组成部分的现代股份制企业组织形式，和以职工持股为主体的股份合作制，即资本与劳动内在结合的企业组织形式。绝大多数公民同时持有上市交易的股份有限公司的股票和企业内部职工股权。私人财产所有权普遍化、社会化、民众化，并成为不同范围内的社会结合，私有制内在地向公有制转化。

---

① http：//www. zjcoop. gov. cn/Article_ Show. asp？ArticleID = 10240，周连云 . 当代国际合作社运动的新背景、新优势、新特点

第二，在合作制的基础上，扩大内部职工持股的差别，以调动职工投资和经营的积极性，同时使合作社的股权结构向社会开放，即允许外部资本自由进出本企业，以扩大企业的融资能力。这样一来，纯粹的合作制即以劳动结合为主的企业组织形式，也就发展成为股份合作制。合作制因为包含了私人财产所有权这一内在的环节而成为公私混合所有制。

（二）股份合作制新合作主义的基本原则

1. 以个人所有制为基础的社会所有制

以个人所有制为基础的社会所有制不是国家所有制，也不是没有确定主体、抽象意义上的“社会所有制”，而是以劳动者个人所有制为基础的企业法人所有制和社团所有制。这种社会所有制，是从私有制或个人所有制自然而然地生长和发展出来的，因此，不必中断和摧毁私有制的传统而建立一种否定和取消个人所有权的国家所有制和社会公有制。只需要把私人财产所有权进一步多元化、普遍化、社会化，使每一个人都成为有产者和所有者，并且联合成为一个法人企业，就已经达到了社会主义的基本要求。可见，私有制和资本主义发展到了顶点，也就自然而然地衍化为公有制和社会主义了。这一点印证了熊彼得的预言，即不是因为资本主义的衰败，而是因为资本主义的强大和胜利，才会导致社会主义。“和平长入社会主义”是完全可能的，这种“长入”和转化保留了私有制社会和资本主义所取得的全部成果，保留了个人所有制这一基本原则，同时对这一原则加以社会的限制。因此，这是一种社会个人所有制或个人的社会所有制，是个人与社会长期以来的对抗性矛盾的初步解决。

市场社会主义的微观经济基础是以职工持股为主体的股份合作制经济和以职工持股为重要组成部分的股份制经济。前者适合于绝大部分中、小型企业，后者则适合于大、中型企业，而且两者是可以彼此过渡的。当股份合作制企业大量吸收外部资本以至职工持股不再占主导地位，它就转化为股份制企业；而当股份制企业扩大职工持股以至职工持股占主导地位，它就转化为股份合作制企业。当然，传统的合作制经济仍会有一定的存在和发展的空间。

2. 企业内自由原则和平等原则的统一

所谓自由原则，是承认个体之间的差别，承认在共同的竞争规则下个人提高和发展自己的权利，承认个人有增资扩股的自由，有扩大自己人力资本投资的自由，有发展自己个性和才能的自由，同时也有退出本企业的自由。市场社会主义应该是自由的社会主义，而不应该是平均主义和共产主义。企业内部职工的物质资本和人力资本可以有很大的差别，弱者的唯一出路就是通过竞争不断提高自己而缩小与别人的差距，而不在于企图通过多数票压制和剥夺有才能的人。所谓平等原则，是企业的决策权不能由个别人垄断，而应掌握在全体职工手中，全体职工通过民主程序来决定企业生存和发展的根本问题。但平等原则并不排除专家和企业家的作用，而是对专家和企业家实行有力的监督和制约，使之不可能把手中的权力转化为谋取个人私利的专横的权力。同时，保证每个人都有成为专家和企业家的权利和可能性。为了消除自由原则与平等原则之间可能出现的矛盾，企业的决策方式应当把股份制的一股一票表决方式和合作制的一人一票表决方式结合起来。至于在哪些问题上采取一股一票制，在哪些问题上采取一人一票制，在哪些问题上同时采取一股一票制和一人一票制，则需要进行深入、细致和具体的研究。

3. 自由市场经济传统的继承与发展

各企业是完全独立自主的经济实体，彼此之间是自由的竞争和合作关系，在法律规定的范围内，政府不得干预各企业的经营活动。如果企业因为经营亏损而至破产，那么职工就会因此而丧失股东和劳动者的双重身份。但他们有重新结合起来组建新企业的自由，有加入其他企业的自由，也依然享有社会基本保障和基本福利。政府保留为社会公共利益服务的企业和自然垄断性企业，但其主要职能则是建立与保障企业和社会所需要的竞争规则、法治环境和社会保障体系，同时通过产业政策、货币政策、财政税收政策等经济杠杆引导企业在追求自身利益的同时，也追求社会的共同目标，在提高经济效率的同时，也达到更高的社会公正。

（三）中国的股份合作制实践

如同家庭联产承包责任制是中国农民的自发创造一样，股份合作制最早也是由中国农民创造出来的。

改革开放以来，我国的乡镇企业蓬勃发展起来。在部分地区，乡镇企业成为当地重要的经济支柱。然而，随着改革的深入发展、市场经济目标的确立，乡镇企业在产权主体不清、行政干预过多、资金短缺、技术力量薄弱、经营管理水平低下、分配不公、风险意识淡薄等方面的弊端逐渐显露出来。20 世纪 80 年代初，一部分乡镇企业开始摸索进行股份合作制改造的路子，并且很快取得了很好的经济效益。这一改革模式在 80 年代中期被引入城市集体所有制企业和国营小型企业，使我国股份合作制经济得到迅速发展。据不完全统计，到 1996 年底，我国股份合作制企业已发展到 400 多万家。

1. 股份合作制是与社会主义市场经济相适应的企业组织形式

1990—1992 年，农业部相继颁发了《农民股份合作企业暂行条例》《农民股份合作示范章程》和《关于推行和完善乡镇企业股份合作制的通知》，对乡镇股份合作制进行了科学的规定。“股份合作制企业是指两个以上劳动者或投资者，按照章程和协议，以资金、实物、技术、土地使用权作为股份，自愿组织起来，依法从事各种生产经营服务活动，实行民主管理，按劳分配和按股分配相结合并留有公共积累的企业法人或经济实体。”1997 年，国家体改委颁布的《关于发展城市股份合作制企业的指导意见》规定：“股份合作制是采取了股份制的一些做法的合作经济，是社会主义市场经济中集体经济的一种新的组织形式。在股份合作制企业中，劳动合作和资本合作有机结合。劳动合作是基础，职工共同劳动、共同占有和使用生产资料，利益共享，风险共担，实行民主管理，企业决策体现了职工的意愿；资本合作采取了股份的形式，是职工共同为劳动合作提供的条件，职工既是劳动者，又是企业出资人。劳动合作与资本合作相结合有利于共同劳动条件的改善、企业竞争能力的提高和劳动者长远利益的增加。股份合作制是能够促进生产力发展的公有制实现形式，是现阶段劳动者创造就业机会、走向共同富裕的一条重要途径。”

从以上法律规定可知，股份合作制是股份制和合作制的统一，是社会主义市场经济条件下公有制的一种新的实现形式，即以个人所有制为基础的劳动者联合所有制。

2. 股份合作制的基本特征

作为一种独立的企业组织形式，股份合作制具备以下明显特征。

第一，企业职工既是出资者又是劳动者，共同出资，共同劳动，共担风险。劳动与资本的直接结合、生产资料与劳动者的直接结合，是股份合作制的本质特征。职工真正成为企业的主人。

第二，职工股东通过职工股东大会行使表决权，职工股东股权平等，一般实行一人一票制的企业民主管理。

第三，股份合作制企业具有法人资格，拥有法人财产权，实行资本保全原则，股东不得退股，只能在规定范围内转让股权。股东以其出资额对企业承担有限责任，企业则以全部资产对企业债务承担责任。

第四，企业内部建立合理的领导制度。职工股东大会是企业的最高权力机构，通过民主选举，任命经理担任企业法人代表，行使生产经营的决策指挥权。大一点的企业，可设立董事会，行使职工股东大会的部分职权，由董事长担任企业法人代表。监事会行使监督权，监督董事会和经理行使其职权，并向职工股东大会负责。职工股东大会、董事会、经理、监事会，共同构成决策、执行、监督职能相互制衡的约束机制，是典型的现代企业经营管理领导体制。

第五，实行按劳分配和按资分配相结合的分配制度，既体现同股同利、同股同权的原则，又体现按劳分配的原则；税后利润除按股分红外，还可用一部分按劳分红。

3. 股份合作制与股份制的异同

股份合作制也是一种股份制，因此，也具有股份制的一些基本内容和特征，具体表现为以下几点。

第一，两种企业的资金来源和产权构成都具有多元化、社会化的特征，乡镇、社区、法人组织、内部职工和社会个人都可以投资。

第二，两种企业都是企业法人，出资人和股东都不能退股，并且形成单个股东不能随意支配的法人财产。

第三，两种企业都坚持同股同利、同股同权、谁投资谁受益、谁积累谁所有的原则。

第四，两种企业都实行有限责任制度，即股东只以其投资额对企业债务承担有限责任。

第五，两种企业的经营目标都是获取利润，实现资本增值。

第六，两种企业都实现规范化的管理，都建立一种决策权、执行权和监督权相互制衡的领导制度和组织制度。

但是，股份合作制吸收了合作制的内容，具有区别于股份制的新特质。

第一，在资金来源和产权构成上，虽然都有多元化、社会化的特征，但是，股份制中职工股权一般不占主导地位。在股份合作制中，职工持股占主导地位（51%以上），每个职工既是劳动者，又是所有者。股份制中出资人的股权数量可以有很大的区别，而在股份合作制中，职工股权数量的差别受到严格限制。

第二，在股权的流动性方面，股份制企业的股权可以自由转让，上市公司的股票还可在股票市场上自由买卖。而股份合作制企业的股权一般只能在企业内部转让，原则上不允许职工股东全部转让其股权，因为全部转让股权后，职工又变成纯粹的劳动者，这违背股份合作制资本与劳动相结合的原则。

第三，在企业的所有者和经营者、劳动者关系方面，股份合作制企业的职工既是所有者，又是经营者和劳动者，三者基本是统一的；而在股份制企业中，所有者不一定是经营者和劳动者，经营者和劳动者不一定是所有者，劳动者不一定是所有者和经营者，三者相对处于分离状态。这一特点表现在管理体制上，股份合作制实行股东大会和职工大会合一的职工股东大会制度，而股份制企业则实行股东大会和职工代表大会分离的制度，前者为权力机构和决策机构，后者为参与管理和监督机构。

第四，在表决权方面，股份合作制企业一般实行职工股东一人一票的民主管理，而股份制企业则实行一股一票的表决制，企业的领导决策权集中在资本所有者尤其是大股东的手中，劳动者即使有股份也不占多大份额，因而基本上没有决策权，而只有制约权和监督权。

第五，在分配方式上，股份制以按资分配、按股分红为主，资本所有者拥有大部分剩余所有权，劳动者只是按劳动力市场的价格获取工资，或通过职工持股和集体谈判分享一部分利润；在股份合作制中，把按劳分配和按资分配结合起来，剩余索取权掌握在大部分职工手中，职工既可按劳动力市场的价格获得工资，也可按投入资本多少获取红利，同时还可按劳动贡献的大小获取红利。

第六，在经营目标上，股份制企业追求资本增值和投资者利润的最大化，而股份合作制企业，既要追求资本增值和投资利润，也要实行资本和劳动的合作，实现劳动者当家做主的社会目标。

第七，在适用范围上，股份制适用于大中型企业，而股份合作制适用于小型企业。

4. 股份合作制和合作制的异同

股份合作制也是一种合作制，因此也具有一些合作制的本质特征，具体表现为以下几点。

第一，两者都实行劳动者与生产资料的直接结合，都实现劳动对资本的支配，都实行所有者、经营者和劳动者的统一。

第二，两者都承认个人财产及其收益权。

第三，两者都采用一人一票制的民主管理体制，都实行决策权、执行权和监督权的分工和相互制衡。

第四，投资主体和股东资格都带有封闭性，即基本上限于本企业内部职工或以内部职工为主。

第五，两者都实行按劳分配与按资分配相结合的分配方式。都是要在公平的基础上追求效益，在民主的基础上满足职工的个人利益。

但是，股份合作制因为吸收了股份制的内容，因此又不同于纯粹的合作制，而具有不同于合作制的新的特质。

第一，在产权结构上，合作制以劳动联合为主，社员入股金额少，一般采取等额入股，股权结构封闭和单一，非社员一般不能入股。股份合作制企业虽然以职工入股为主，但也可吸收相当数量的社会资金，企业以外的法人组织和社会个人均可入股，其股权结构是相对多元和半开放的。

第二，在经营目标上，合作制企业以互利合作、为社员提供服务、以劳动者之间互助为目标，股金是社员交给合作社的会费或活动金，入股的目的是参加共同劳动。而股份合作制以提高经济效益、追求盈利、积累资金、扩大再生产为目标，以最大限度改善职工福利和获得最大的股权收益为目标。

第三，在分配方式上，合作制以劳动分配为主，按资分配为辅，资本报酬受到严格限制，只略高或相当于银行存款利率，而且社员持股比较均衡和分散，股权收益只是劳动者全部收入的一部分。而在股份合作制中，按资分配与按劳分配处在同等重要位置，按资分配体现同股同利的原则，谁投资、谁受益，多投资、多受益，而按劳分配一方面体现为按劳动市场价格进行工资分配，另一方面按职工的岗位责任、工龄长短和贡献大小进行按劳分红。

第四，在产权流动性方面，合作制实行入社自愿、退社自由的原则，退社可以带走股金。而股份合作制实行资本保全原则，职工不能退股，遇特殊情况可按企业章程的规定在企业内部转让，不能因职工离开而减少资本金。

5. 股份合作制的可行性和局限性

上面我们分别论述了股份制、合作制、股份合作制的基本特征和内容，论述了股份合作制与股份制、合作制的异同。那么，现在要问，这种股份制和合作制的结合是现实可行的吗？

有一种意见认为，由于股份制与合作制的基本原则是对立的，两者之间缺乏内在结合的基础，因此，把股份制与合作制相结合，只会产生一种畸形的“怪胎”，不仅不能取两者之长，而且可能集两者之短，既不能达到公平和民主，也不能达到效率和集中。比如说，合作制实行一人一票表决制，股份制实行一股一票表决制，那么作为两者结合的股份合作制实行什么表决制呢？如果说，股份制与合作制作为外部对立物，彼此都能相对独立地存在与发展，那么，股份合作制把这一外部的对立内在化，把一种外在的矛盾转化为一种内在的矛盾，它会不会被这种内部矛盾撑破？它到底有多大的生存和发展空间？

我们认为，股份合作制作为一种新生事物，作为一种新的企业制度，是股份制和合作制发展的必然产物，具有其历史的合理性和存在的理由。

第一，股份制和合作制并非绝对对立。前文我们已看到，股份制在其历史发展过程中已经逐渐引入合作制的内容和特征：职工参与管理、劳资集体谈判和利润共享、职工持股就是在资本支配劳动的基础上，资本与劳动联合，有的股份公司最后演变为职工全员持股的企业。反之，合作制在其发展过程中，也吸收了股份制的一些特点，比如，合作社的产权开始向社会开放，法国规定非正式社员的股权可以达到20%；又如，劳动权向社会开放，可以吸纳一部分非合作社成员为雇员。有的合作社最终演变为股份公司。

第二，可以找到一个把股份制和合作制结合起来的新的生长点或接合点。作为股份合作制这种独特企业制度的基础，就是企业劳动者本身成为企业的资产所有者，职工出资买断企业的产权，在个人股份合作的基础上建立起企业法人财产和企业的民主管理体制。与合作制不同，股份合作制直接以资本增值和利润最大化为目的，在股权结构上，允许职工持股有一定的数量差别，并且吸收社会资本入股，但因为作为劳动者的职工本身就是最大的股东。因此，资本增值和利润目标受劳动者本身的控制，而不是与劳动者相对立。职工运用本身拥有的资本参与市场竞争，获取利润，至于这种利润主要按个人投入的资本来分配还是按个人投入的劳动的质量和数量或贡献大小来分配，则是职工自己的事情，是职工作为劳动者和所有者协调自己双重身份的问题。这里面资本与劳动的矛盾表现为：拥有较大股份而劳动贡献较小的职工倾向以按资分配为主，拥有较少股份而劳动贡献较大的职工倾向以按劳分配为主；至于股份多、劳动贡献也大或股份少、劳动贡献也小的职工，则倾向于主张按资分配与按劳分配并重。这种矛盾是可以用一些技术性手段加以解决的，并不危及企业职工根本利益的统一性。

资本和劳动的合作与资本和劳动对抗矛盾的解决，都建立在劳动者本身拥有和控制资本的基础上。因此，股份合作制可以作为一种独立的企业组织形式。不过，在资本与劳动者的力量对比仍未改变之前，在市场经济条件下，资本和劳动、生产资料和劳动者的这种直接的结合，确实也有其局限性。

第一，产权结构的相对封闭性、单一性和非流动性，使股份合作制企业的资本来源渠道较窄，融资能力较弱，难以像股份制企业那样迅速和大规模地吸收社会资本，这会限制企业开发利用高新技术、引进先进设备，使本来拥有开发潜力的产业或项目，因为资本数量限制而失去发展的机遇。虽然股份合作制也允许企业以外的法人、个人入股，但一方面内部职工股占主导地位，外部入股数量受到限制；另一方面外部入股是优先股，优先股股东基本不能参与企业的经营管理，即使参与，也决定不了企业的经营决策。这就大大限制了企业外部法人或个人投资的积极性。

第二，一人一票的决策机制使投资多与投资少、贡献大与贡献小、能力强与能力弱的职工都具有同等的投票权，可能会影响职工投资或工作的积极性，使优秀的企业家难以脱颖而出并获得做出迅速决策需要的权力。同时，一人一票制的决策可能会使决策成本过高、决策时间过长，难以迅速抓住转瞬即逝的商业机会，缺乏与决策权力相对集中的企业进行竞争的能力。一些投资少、贡献小、能力弱的职工可能会相对集中自己的投票权，使企业内部形成平均主义的“搭便车”“吃大锅饭”的管理体制和利益分配体制，权力的分散可能导致无人对决策负责，权力的平均运用也可能导致企业行为的短期化。要知道产权或资本的激励和约束功能在于高利润和高风险并存，而股份合作制企业股权差别不大，使利润和风险相对平摊，在职工股东素质不高和一人一票制的情况下，很可能失去产权特有的激励和约束功能，使企业成为传统的国家所有制和集体所有制那种缺乏内部动力和内部约束、权责不明的状态。比如，职工股东大会可以撤掉一个不称职的经理，但是否必然会保证从职工股东会产生称职的经理和优秀的企业家呢？

由于以上两个主要的原因，股份合作制企业在市场经济条件下的发展受到其内在弱点的制约，每一个企业的发展空间不大，只能停留于小型和中等偏小的规模，难以发展为大型和中等偏大的企业。一旦打破股权的封闭性、单一性和非流动性，而向社会广泛融资；一旦实行一股一票的决策制度，股份合作制就会向股份制转化，股份合作制企业就会转化为有限责任公司和股份有限公司。

四、团结互助合作经济的主要类型

从国际发展趋势来看，团结互助合作经济正在向越来越多的领域渗透，但最基本的类型可以划分为生产合作和流通、消费合作与金融合作。

（一）生产合作社

1. 生产合作社的定性和定位

生产合作社是小生产者、劳动者为共同发展生产自愿联合组成的集体经济组织，包括在农业、手工业等各种生产领域从事种植、采集、养殖、渔猎、牧养、加工、建筑等生产活动的合作经济组织，如农业生产合作社、手工业生产合作社、建筑合作社等。在资本主义制度下，生产合作社是劳动群众为避免资本家的剥削而组成的联合经济组织。

从定性上说，生产合作社是生产领域的劳动者合作经济组织，直接以改变生产关系为前提，在一定的、有限的范围内，以生产资料的共同所有制取代了个人所有制。

从定位上说，它主要存在于农业和手工业以及大工业的边缘和辅助地带，每一个合作社的生产规模和市场占有率都比较小，避免与大型私有企业和股份制企业进行直接的竞争。

2. 基布兹：世界上最著名的生产合作社

基布兹（Kibbutz）是希伯来语“集聚”“团结”“集体定居点”的音译，它指的是建立在生产资料公有制基础上的农业公社或集体农庄，它既是一种农业经济实体，也是一种群众性的社会自治组织。在以色列全国各地，从北部的戈兰高地到南边的红海，大约有120500人生活在269个基布兹中。成员人数从不足100人到超过1000人不等，多数有成员数百人。虽然每个基布兹在社会和经济上都是自治单位，但是许多全国性的联合会向它们提供活动的协调以及某些公共服务。多数基布兹的布局相似，具备位于中心的餐厅、礼堂、办公室和图书馆等公共设施，周围是成员的住宅和花园，除此之外是体育和教育设施，周边则是工业大楼和农田。从定义上来说，一个基布兹是“一个志愿组合的集体社区，主要务农，在那里没有私人财产，它对它的成员及其家庭的一切需要负责”。

第一，基布兹的基本原则是“各尽所能，各取所需”。它的一切财产和生产资料为全体成员所共有。成员之间完全平等，大家一起劳动，共同生活。基布兹的住房、汽车、学校、图书等属于每一个人。如何分配年度利润，也由大家一起商定。社员平常的开支，包括吃饭、穿衣、看病保健、教育、旅游乃至听音乐会、看电影等全部免费，并由集体统一分配。在基布兹的食品店、服装店，每个成员有一个属于自己的表格，需要什么只管拿，签个字就行。因此基布兹内部没有金钱往来，成员不领取任何报酬或工资，但一般基布兹都为每个社员设有一个外购用的账户，如果所需物品在基布兹内部实在买不到，则可以从账户上取钱到外地购买。

吃：基布兹成员家里一般没有厨房，大家都在集体食堂就餐。一般采取自助餐的方式，各自挑选食物，然后端到桌上与家人或朋友一起吃。食堂里除专职炊事员外，全体成员都要轮流到食堂帮工。

穿：早先服装完全属于集体，一个成员这星期穿的衣裤，换洗后下星期可能就轮到另一个人穿。现在生产发展了，条件改善了，人们可以到基布兹商店自行挑选服装。为满足成员对样式、颜色的要求，基布兹还到外面去购买服装。基布兹设有统一的洗衣房，从袜子到毛毯全部免费洗、补、熨、烫。

住：成员住房由基布兹统一提供。每户都有一套舒适的住房，包括客厅、卧室、卫生间等。房里的一切，从灯泡到电视机、家具等，都由基布兹提供。但家庭的布置并非一模一样，人们可在费用无差的前提下，按自己的喜好来选择物品的样式和颜色。

行：基布兹购有自己的大小轿车。因公或节假日用车免费，因私用车，需缴汽油钱。基布兹可以说是个设施齐全的小社会，其成员一般不出基布兹就可满足一切生活的基本需要。基布兹的服务设施，包括招待所、游泳池、健身房、博物馆、中小学校、医院、食堂、犹太会堂、服装店、超级市场、洗衣房、工厂、仓库、工具房、电工房、养鸡场等。

第二，基布兹内部实行民主管理，全体成员共同参与。每周都要召开一次全体成员大会。日常事务由全体大会选出的管理委员会负责，管理委员会下辖生产计划、文教、劳动、财务、卫生体育、住房等若干专门委员会，遇到问题先由专门委员会进行初步表决，然后将讨论决定交成员代表大会最终表决。在大一点的基布兹里，全体大会一般在大礼堂举行，台上设有发言台，安有麦克风。小一点的基布兹就在食堂举行，晚饭后把餐桌擦干净，就地举行全体大会。多年的实践，在基布兹形成了系统的辩论、投票和动议程序。在决定所谓原则性问题时，简单多数票还不够，必须有2/3的票才能通过。

时代在变，基布兹也在变。基布兹从事的农业生产利润越来越少，于是转而发展工业。人们愈来愈认识到，未来的经济不能仅靠苹果园、养鸡场、养牛场和粮食作物等，还要发展工业。现在基布兹的工厂什么都生产，产品从时装、食品、家具到电子设备、农机以及计算机等，种类繁多。

如今，许多基布兹正在讨论是否引入工资的观念。一些人担心，为适应环境变化所作的这些调整，将使基布兹遭遇背离最初原则的危险。但其他人则认为这种妥协和随机应变的能力是基布兹生存的关键。经济变革是基布兹面临的一个问题，但基布兹面临的最大威胁是价值观的变化，即年青一代的认同问题。随着科技的进步、与外界交往的频繁，在富庶和繁荣中长大的基布兹年青一代，受消费主义、享乐主义思潮影响物质需求增大，对基布兹狭小的天地感到不满足，对外面的世界充满兴趣和渴望。有一部分年轻人在服兵役或到高等学府深造后，不再回到土生土长的基布兹，而是选择去大城市工作，这一现象无疑将影响基布兹的未来。

虽然基布兹面临着许多问题，但它在以色列的地位是不容忽视的。基布兹在这片贫瘠的土地上创造着奇迹，它的耕地面积为全国耕地的35%，其农业产值却占全国总产值的40%，以色列全国50%的小麦、55.4%的牛肉和80.4%的棉花产自基布兹。它的工业产值也占全国的7%。近些年，基布兹还大力发展旅游业，建立了许多旅游景点，并提供一流的饭店服务。基布兹像一个谜吸引着无数的观光者，每年还有许多志愿者利用暑假到这里来打短工。这些志愿者多不是以色列人，而是欧洲青年。以色列许多精英人物都来自基布兹，自1948年建国至今共有8位总理，其中4位来自基布兹，他们是本·古里安、摩西·夏里特、莱维·艾希科尔和果尔达·梅厄。在工党执政的29年中，其内阁成员的1/3都来自基布兹。

（二）流通合作社

1. 流通合作社的性质和种类

流通合作社活动于交换、流通、消费领域，从事推销、购买、运输等流通领域的服务业务，包括供销合作社、运输合作社、消费合作社、住宅合作社等种类。

供销合作社：供销合作社是指购进各种生产资料出售给社员，同时销售社员的产品，以满足其生产上各种需要的合作社，是当前世界上较为流行的一种合作组织。供销合作社的经营方式有两种，一是专营供给业务，二是兼营农产品运销或者日用工业品销售等业务。

运销合作社：运销合作社是指从事社员生产的商品联合推销业务的合作社，有时候兼营产品的分级、包装、加工等业务。

运销合作社的业务主要集中在农产品运销方面，源于大机器工业生产条件下，工业品主要通过各种大型的商业机构销售，而农业生产和农产品基于其自然特点，供应不能做到十分均衡，价格变化较大。通过组织合作社专门销售，可以尽量避免经济上的风险。世界各国的运销合作社主要采用三种不同的运销制度：一是收购运销制，即合作社收购农产品后再行销售，销售盈利与社员无关；二是委托运销制，即合作社代理销售，销售款在扣除一定费用后全部交给社员，盈亏由社员承担；三是合作运销制，即合作社将社员所交的同级产品混合销售，社员取得平均收入。

消费合作社：消费合作社是指由消费者共同出资组成，主要通过经营生活消费品为社员自身服务的合作组织。消费合作社可大量购入日用品，以便降低进货价格；可为社员筛选和控制消费用品的品质；可指导社员的消费生活，减少不必要的浪费。但消费合作社一般来说规模小，社员不多，资金不够充裕，业务经营与发展受到限制，而且缺乏经营人才，难以与大型商场竞争。

住宅合作社：住宅合作社是消费合作社的一种，分为两类。一类是保障性住宅合作社，指中低收入水平的居民为了获得住宅以满足其基本居住需求，在自愿互助的基础上联合起来，自主经营、自我管理而形成的非营利性法人组织；另一类是改善性住宅合作社，指居民为了获得住宅以满足其更高的居住需求，在自愿互助的基础上联合起来，自主经营、自我管理的非营利性法人组织。

2. 罗虚戴尔公平先锋社：世界上第一个消费合作社

罗虚戴尔公平先锋社成立于1844年12月21日。28个发起人中有14人是空想社会主义拥护者；其中16人是纺织工人，其余是木工、鞋匠、工程师等。罗虚戴尔是位于曼彻斯特市以北12英里的一个小镇，当时居民大约是2.5万人。小镇有一半的街道没有下水道或排水沟，居民平均寿命只有21岁，市场上出售的食品掺假盛行，发芽的马铃薯也照样在市场上销售，缺斤短两更是司空见惯。英国产业革命发展普及了雇佣劳动，社会两极分化加剧，劳资对立激化，弱势群体开始探索改变的途径。劳动者食物供应问题严重的现实困境，使合作社从经营日常生活必需品开始。

罗虚戴尔公平先锋社最开始经营面粉、燕麦片、黄油、食糖、蜡烛，1846年和1847年开始出售肉类和低档服装，1852年增设制鞋、裁缝业务，同时逐年增加英国当时食品杂货店通常出售的食品品类。1847—1857年，社员在13年间增加了65倍；1880年，社员人数突破1万人。它在历史上最大的贡献不是经济上的成功，而是奠定了世界合作社运动的基本理念和原则，史称“罗虚戴尔原则”（见本章第一节）。

（三）信用合作社

1. 信用合作社的原则和类型

信用合作社，也叫金融合作社，是指由底层劳动者和民众组织起来的、具有互助性质的合作金融组织。信用合作社基本的经营目标是以简便的手续和较低的利率，向社员提供信贷服务，帮助经济力量薄弱的个人解决资金困难，以免遭高利盘剥。信用合作社为金融体系起到了拾遗补阙的作用，在经济生活中广泛动员了社会资金，弥补了主流金融服务不愿或难以覆盖的边远地区和弱势群体，促进了社会闲散资金的聚集和利用，为劳动大众输入了造血机制。

信用合作社的资金来源于成员交纳的股金和会员与非会员的存款，贷款主要用于解决其成员的资金需要。起初，信用合作社主要发放短期生产贷款和消费贷款，后来，一些资金充裕的信用社开始为解决生产设备更新、改进技术等提供中、长期贷款，并逐步采取了以不动产或有价证券为担保的抵押贷款方式。

信用合作社的基本准则是：

第一，入社和退社实行自愿原则；

第二，每个成员都应提供一定数额的股金并承担相应的责任；

第三，实行民主管理，社员具有平等的权利、每位社员只有一个投票权；

第四，信用合作社的盈利主要用于业务的发展和增进社员福利。

按照地域不同，信用合作社可分为农村信用合作社和城市信用合作社。

农村信用社是由农民或农村的其他个人集资联合组成，以互助为主要宗旨的合作金融组织。农村信用社在创办初期，社员都是农民，合作社的规模较小，社员贷款被严格地用于农业生产。后来逐渐扩大到兼业农民、农村的小工商业者、农场的工人和职员，其业务也由原来主要办理种植业的短期生产贷款，发展到综合办理农林牧副渔和农村工商业及社员消费性的短期贷款，最后发展到对农业生产设备、中小工商业提供中、长期贷款。

城市信用社是城市居民集资建立的合作金融组织，旨在为城市小集体经济组织和个体工商户服务，通过信贷活动帮助他们解决资金困难，促进生产发展。其性质为集体所有制企业，是具有独立法人地位的经济实体。城市信用社实行独立经营，由社员进行民主管理，盈利归集体所有，并按股金分红。

2. 尤努斯和格莱珉：穷人的银行家和劳动者的银行

1983 年，穆罕默德·尤努斯创立了格莱珉乡村银行，专注于向最穷苦的孟加拉人提供小额贷款。他的目标是帮助穷人实现个体创业，从而使他们永远地摆脱贫困生活。

这项伟大的事业开启于1976年。当时，尤努斯带领着学生去乔布拉村调研，他向那些农民推广改良的大米种植技术，在干旱季节组建农民合作社修建水利设施。但不久后，他意识到，这并不能帮助真正穷困的底层阶级——那些没房没产、生活在农村里的穷人。

一天，尤努斯在乔布拉村采访了一位靠制作并售卖竹椅谋生的妇女。这位妇女告诉他，她辛劳一天只能赚2美分。尤努斯大感惊愕：一位这么勤劳、能制作这么漂亮竹椅的妇女，一天只能赚这么点钱！这位妇女解释说，由于她没钱购买制作竹椅的原材料，不得不去找一位商人借钱，这位商人开出的条件是只能把竹椅卖给他，而且收购的价格还得由他说了算。实际上，这位妇女就是附属于这位商人的劳动力！那这些竹子值多少钱呢？大约25美分。尤努斯说："我的天，仅仅为25美分就要遭这种罪受，难道就没有人能对此做些什么吗？"他找出村里另外42位有着类似困境的村民。在把这些村民的资金需求汇总后，尤努斯经历了他有生以来最大的一次震动：这个数目一共只有27美金。

尤努斯当即从他的口袋里掏出了27美金，借给了这42位穷人。随后，他去找一些银行家，试图说服他们向这些穷人提供无须抵押的贷款。而银行家却讥讽他，说这些穷人的信用不可靠。尤努斯反驳道：“如果你们没有尝试过，你们怎么知道他们不值得信任呢？也许是这些银行家对人民来说才不可靠吧。”

尤努斯并未就此放弃。1976—1979 年，他在村里开始了试验，以自己为担保人向穷人们提供小额贷款，这个试验成功地改变了大约 500 位借款人的生活。他也不断地游说孟加拉国中央银行和商业银行来采纳他的试验。1979 年，孟加拉国央行终于答应开展这个名为“格莱珉”的项目，一开始由 7 家国有银行支行在一个省份进行试运作，1981 年则增加到 5 个省份。这个项目的每一次扩张都证实了小额贷款的有效性，到 1983 年止，格莱珉银行的 86 个支行使 5.9 万名客户摆脱了贫困。随后，尤努斯决定辞去学术工作，全身心投入这项对抗贫穷的事业中去。1983 年，格莱珉银行成为独立法人机构，以更快的速度发展壮大。随着自身的发展，格莱珉银行亦开发了其他为贫穷人士服务的信贷系统。除了微型贷款外，银行还提供住房贷款，为渔场、灌溉项目、高风险投资、纺织业和其他商业活动提供经费，同时亦提供其他银行业务，如储蓄。2004 年，超过 6600 万人在这个项目中受惠。2006 年，“为表彰他们从社会底层推动经济和社会发展的努力”，尤努斯与格莱珉银行共同获得诺贝尔和平奖。如今，格莱珉银行在孟加拉国向 860 万乡村妇女提供金融服务，贷款总额达到 1000 亿元人民币，已经形成 130 万个小组、14 万个中心、2379 个支行。格莱珉模式被复制到美国、印度、墨西哥等全球40多个国家和地区，被证实为一种能够消除贫困的模式。

尤努斯创办的格莱珉银行对传统银行形象进行了彻底的颠覆。在他的银行里，看不到电话、打字机或者地毯，因为员工们主动去田间地头拜访借款者，他们之间也不签署借款合同，因为大多数借款人都目不识丁。他们的客户都是那些没房没产的穷人，那些还不算穷困潦倒的人则被排除在外。尤努斯发现，把钱借给那些在孟加拉国社会里没什么赚钱机会的妇女，通常会带来很大的收益，因为这些妇女对使用她们的贷款会更为小心谨慎。贷款申请人还得清楚地了解格莱珉银行的运作方式，这样她们才有资格借款。偿款通常从借款的第二周开始，尽管看上去有些压迫性，但也缓减了借款人在年终偿付一大笔钱的压力。

分析格莱珉模式，我们首先要了解尤努斯和他的员工们所信奉的信条。

（1）借贷是一项基本的人权。

传统的金融本质上都是为资本家、企业家、富人提供服务的，银行从老百姓那里吸收存款，然后贷给企业赚取利息，而当穷人和劳动者需要融资贷款的时候，就被银行以他们缺乏信用为由而无情地拒绝。尤努斯认为，“造成他们的穷困的根源并不是由于懒惰或者缺乏智慧的个人问题，而是一个结构性问题：缺少资本。这种状况使得穷人们不能把钱攒下来去做进一步的投资。一些放贷者提供的借贷利率高达每月10%，甚至每周10%。所以不管这些人再怎么努力劳作，都不可能越过生存线水平。我们所需要做的就是在他们的工作与所需的资本之间提供一个缓冲，让他们能尽快地获得收入”。

（2）拥抱金融界不可接触者。

在绝大多数国家，穷人被视为“金融界不可接触者”，银行不是为赤贫者服务的。然而尤努斯则认为他们可以用金融工具来帮助穷人。小额贷款不是救济，不是赐予，而是一种商业行为，即要通过贷款获利。市场化的借贷行为对扶贫者与被扶者都应该是双赢的。

（3）每一个贷款者都是诚实的。

格莱珉银行不要求贷款者提供任何担保抵押物，也不打算将任何未能还款的贷款者送上法庭。因为格莱珉的基本假设是，每一个贷款者都是诚实的，在贷出者与借贷者之间没有司法工具。尤努斯确信，建立银行的基础应该是对人类的信任，而不是毫无意义的纸上合同。甚至当贷款者确实违期偿还一笔贷款时，格莱珉也并不认为他们是恶意的。相反，会设想他们一定是出于窘迫的境况而无力按时偿还。

（4）相信穷人的生存技能。

尤努斯坚定地相信，所有人都有一种与生俱来的生存技能。

穷人活着，这一事实就清楚地证明了他们的能力。他们已经知道如何去做一件事，所以，最紧要的不是教给穷人们新的技能，而是最大限度地利用他们的现有技能。使穷人能得到贷款，就是使他们得以立即实践他们已经掌握的技能——编结、脱粒、养牛、拉人力车等。而他们挣到的钱继而转变为一种工具，成为一把开启其他能力的钥匙。

（5）穷人应该并可以成为社会资本的拥有者。

为了确保还款，银行使用“团结组”系统。这些非正式的小组一起申请贷款，由小组成员担任联合的还款保证人，并互相支持对方努力改善自己的经济状况。借款发放和偿付每周通过一次“中心会议”公开进行。格莱珉独特的“五人小组、中心会议、社区议题”等模式，能有效扩展底层妇女的社会网络，培育社会资本，通过利用金融工具，让她们经济上更有力量。

从这五个信条出发，通过一系列制度创新，尤努斯和格莱珉成功地实现了穷人和底层劳动者的两次身份转变。

（1）从贷款者到存款者。

在格莱珉银行，贷款者同时是银行的存款者。对贷款者来说，她们每周偿还小额的贷款，同时存入金额更小的存款，这是一个改善她们财政状况的重要环节。一年后债还清了，她们可以借更多贷款，同时又有一笔存款可以动用，令她们一步步脱离贫穷。举例来说，一名成员贷款 1000 塔卡，贷款年利率为 10%，即本息共计 1100 塔卡，还款期为一年。该名成员每周还款约 21 塔卡，但同时要存款 5 塔卡，存款年利率为 8%。一年之后，还清欠款，还有 265 塔卡的存款及利息。成功还款后，她便可以再借更大额的贷款，例如 2000 塔卡，同时每周储蓄 10 塔卡，这名成员的财政状况就会改善，最终达到脱贫目的。

1995 年，格莱珉银行决定不再接受任何外部捐助资金，因为以格莱珉不断增长的存款储蓄来运作并扩展其信贷项目以及清偿现有贷款，已经绰绰有余。格莱珉银行的待偿贷款全部由自有资金与存款储蓄提供，68% 的存款来自银行的贷款者。仅存款储蓄就已达到待偿贷款的 97%，如将自有资金与存款储备两项相加，则达到代偿贷款的 130%。

（2）从贷款者到持股者。

格莱珉银行鼓励贷款者成为持股者——他们可以购买格莱珉银行的股份，成为股东。每一股的价格大概是 1.5 美元，只要他们有这笔钱，就可以购买一股——每个人限买一股。作为股东，他们可以投票选出董事会，也有资格成为董事会成员，这会使贷款者觉得银行是属于自己的。如今，格莱珉的贷款者拥有银行 94% 的股权，另外 6% 为政府所拥有。这是真正意义上的“穷人银行”。

尤努斯主义的精华可以归纳如下。

第一，施舍不是解决贫穷的办法，施舍只能让穷人丧失主动性而使贫穷永远存在。

第二，每个人都是未开发的宝藏，具有无穷无尽的能量。每个人都是一名消费者，他尽情使用地球的资源，但他也是一位为社会做出贡献的生产者，因为他拥有巨大的潜能。

第三，信贷是一种人权。人类的信贷权利是摆脱贫困的社会基本要求。传统银行把他们的信贷建立在不信任的基础上。而“乡村银行”的“信贷”意思就是“信任”，在相互信任的基础上建立放贷—受贷的业务关系。

第四，贷款释放出来的力量是巨大的，贷款人很快就会拥有规划家或社会科学家想象不到的能量。

第五，完整的乡村银行系统的运作原则：人们不应该到银行来，相反，是银行应该到民众中去。银行职员的工作不是坐办公室，而是与民众融为一体。传统银行要求职员都要到办公室上班，对穷人来说，办公室让他们畏惧，从而疏远了银行。

第六，整借零还，按周还贷。这大大优于传统银行的“整借整还，到期还本付息”。

第七，利率大大低于高利贷者，但略高于传统银行，有效防止了富裕者套贷。

第八，家庭住房即工厂。妇女们可以边工作边照看孩子，一年四季都能在舒适的环境下工作，对创造经济效益有直接帮助。以家庭为基础的生产能够产生和任何工厂都一样的规模效应——原因很简单，自我雇佣不在单一的车间进行，也没有工资基础。

第九，参与机制。每5人组成一个贷款小组，每6个小组建立一个中心。采用2—2—1顺序放贷，小组长最后得到贷款，体现“先人后己、为人服务”的精神，贷款者参与中心活动，定期开会。最有意义的是，这是一种社会构思，人们以彼此的社会和经济责任感参与其中。这是一种人民的运动。

第十，如果我们能够消除乡下的苦难，就会减轻穷苦人四处奔波涌入城市的压力①。

（四）蒙德拉贡联合企业：团结互助合作经济的集大成者

蒙德拉贡（Mondragon）是西班牙巴斯克地区的一个小镇，靠近法国。但这个小镇创造了一种新的经济模式，它的活力、成长以及对一个地区的经济冲击可以说是空前的。它自1950年成立以来，声誉传遍国际，已成为世界上最大规模的合作社。

蒙德拉贡系统是由一位名叫阿里斯门迪的天主教神父所创

---

① 尤努斯．穷人的银行家，吴士宏译，三联书店出版社，2015；尤努斯．普惠制金融改变世界，陈文等译．北京：机械工业出版社，2018

立，他曾经在西班牙内战参加反佛朗哥的共和团，差一点被处死。经由蒙德拉贡市民的集体帮助，他在 1943 年设立了初级技术学校。这所学校第一届毕业生中的五位，在 1956 年开了一家叫作 ULGOR 的生产煤油炉的小型工厂，后来 ULGOR 演变为现在的 FAGOR。在工厂成立之始，有 24 位会员，工人本身有拥有权及管理权。这个合作模式发展得非常成功，成为整个煤油系统最重要的企业，会员曾经超过 3000 人。

除了这家合作社母体，蒙德拉贡还有一组次级的合作社，分别从事研究、融资、技术训练与教育、技术协助及社会服务，另外还有房屋及消费者合作社。这些次级合作在共同创造出一种合作社文化，使一般生活活动可以在其中进行。在这个互相依赖和合作并以同样原则运作的系统里，会员无论到哪个地方工作都畅通无阻。ULGOR 成立三年后，阿里斯门迪建议成立一个金融机构，以资金及技术帮助其他刚起步的合作社。结果，“劳动者银行”和技术指导局就应运而生。它扮演了信用合作社及技术援助的角色。劳动者银行的主要部门有 100 多位职员，主要工作是协助有需要的团体成立合作社，偶尔也协助既存的企业转型为合作社。劳动者银行协助这些团体选择地点、分析市场、研发产品、规划厂房等建筑物，直到几年后财务与组织健全，而代价则是这些新成立的合作社必须成为蒙德拉贡系统的一部分，并且接受劳动者银行的监督。这些企业合作社的盈余都储存在劳动者银行中，可以再投资产生更多的企业合作社。这种与劳动者银行紧密且持续的关系与劳动者银行的经济与技术协助是相当独特的，也是企业合作社成功率百分之百的原因。

劳动者银行属于蒙德拉贡系统里第二层级的合作社，它的委员会是由第一层级合作社会员及劳动者银行本身的会员所产生。除了劳动者银行，蒙德拉贡系统中尚有许多其他的第二层级合作社，例如一个可以确保百分之百给付老人及残障者年金的社会服务合作社、一个健康中心诊所、一个可以提供弹性上班或兼职性质工作的妇女合作社。还有一个教育合作社，其中包括一所技术学院，附设一个产业合作社，学生可以同时得到技术训练及兼职收入。同样，这个教育合作社也跟第二层级合作社一样运作，委员会由全职雇员及学生所组成。此外还有消费者合作社、住宅合作社、农业合作社和建筑合作社。蒙德拉贡系统共有 86 个产业合作社，每一个平均都有数百位会员，有 44 个教育机构、7 个农业合作社、15 个建筑合作社、几个服务性合作社、一个有 7.5 万会员的消费者合作社网络及拥有 10 亿美金以上资产与 130 多个分行和办事处的劳动者银行。

蒙德拉贡之所以取得巨大的成功，关键在于实现了“合作社原则与市场经济相统一”，即坚持以国际合作社联盟确定的“罗虚戴尔原则”为基础，根据市场经济的发展不断加以变革和调整，使合作社在现代市场经济条件下发展得更快、更好。

其核心价值观是合作、参与、社会责任、创新四大理念（见本章第一节）。

从这四大理念又发展出十大原则。

第一，自由加入（Open Admission）。向所有能够证明自己胜任合作社工作的人开放；不同宗教信仰、不同政治观点、不同民族和不同性别的人，在加入合作社时，均不受歧视。一视同仁，共享平等。

第二，民主管理（Democratic Organization）。最高权力机构是由全体职工组成的社员大会；社员大会遵循“一人一票”制，而非“一股一票”制；所有成员，在占有和了解信息方面权力平等。

第三，劳动者主权（Sovereignty of Labor）。劳动者被认为是改造自然、社会和人类自己最重要的因素，劳动者享有合作社最高权力，包括分配劳动成果的权力；劳动不是谋生手段而是乐趣。

第四，资本处于从属辅助地位（Instrumental and Subordin－ate Nature of Control）。劳动创造财富，资本只是一种从属于劳动的工具，是合作社发展的必要条件，资本的积累应当与个人的贡献挂钩。

第五，社员参与管理（Participatory Management）。民主办社理念不仅体现在入社资格的开放性方面，而且还体现在建立和形成了良好的社员参与机制等方面，使所有社员实行自我管理并通过多种渠道参与合作社管理工作。

第六，报酬的一致性（Payment Solidarity）。联合企业内各合作社实行统一的工资确定方法；合作社按工作岗位、工作业绩的不同，制定不同的工资标准，以体现社员对合作社的贡献；系统内还可以通过横向调剂，确保所属合作社或子集团间社员工资水平不会出现太大差别。从整体看，蒙德拉贡普通员工的工资高于社会平均水平，而领导层工资则低于社会的平均水平。

第七，合作社之间的合作（Inter - cooperation）。为了实施"一致性原则"和提高效益，必须建立合作社之间的合作机制，通过建立统一和可流动的劳动制度及实行生产经营协作，促进内部利益共享。蒙德拉贡联合企业还与巴斯克自治区的其他合作社，与西班牙、欧盟和世界各地的合作社进行广泛的合作，促进了合作社运动的全面发展。

第八，推动社会变革（Social Transformation）。为社区经济的发展和社会进步做出贡献，包括创造新的就业机会、建立符合合作制原则的社会保障制度，并与当地经济、社会组织密切合作，创办公益事业等。

第九，普遍合作（Universality）。在社会、经济的各个领域，主张实现和平、公正和发展的目标，缩小贫富差距。

第十，发展教育（Education）。要想使合作社得到发展壮大，必须要有高素质的领导和员工。为此，需要投入必要的人力、财力和物力，来开展各方面的教育和培训；通过对合作社成员的培训，让他们深入了解合作社的原则和制度，提高他们的专业素质和水平①。

---

①　搜狗百科：蒙德拉贡 https：//baike. sogou. com/v63153595. htm? fromTitle = %E8%92%99%E5%BE%B7%E6%8B%89%E8%B4%A1；西班牙蒙德拉贡——自由人的联合体：http：//blog. sina. com. cn/s/blog_ 5252307b0102v64h. html

第七章

工人经济的宏观延展

积极劳动力市场政策与社会再分配

工人经济学采用制度学派的分析方法，重视历史传统、道德、政策、法律等集体化元素或制度元素对劳动力市场和整个市场经济的渗透、导向、形塑、矫正、规制作用。以劳动者集体行动和整个社会的力量，弥补和纠正所谓的市场失灵，推动劳动力市场和整个市场经济向更加均衡、公正的方向发展。实际上，即使是在工人经济和市场经济早期发展阶段，在原子化劳动力市场和个别化劳动关系中，也隐藏着制度要素的作用，只不过对劳动者来说是消极的、不利的，比如，议会立法禁止劳动者的结社和罢工，政府做出对劳动者不利的行政命令和仲裁，甚至出动警察镇压工人自发的罢工，而法院经常在劳动诉讼中做出对劳动者有失公正的判决。自由主义经济学对此视而不见，固执地把原子化劳动力市场和个别化劳动关系看作是符合自由、平等、公正理念的理想市场模型，极力掩盖现实中存在的大量不自由、不平等、不公正的剥削和压迫现象。

在工人经济的第二阶段即工会化劳动力市场和集体化劳动关系阶段，对于劳动者有利的、积极的制度要素出现并发挥作用，工会法、劳动法、社会保险法等一系列保护劳动者权益的法律相继出台，政府和法院也会做出比较公正的仲裁和判决；

在工人经济的高级阶段，工人和工会得到了关于工人参与企业管理、劳资共决、利润分享、职工持股等方面的政策和法律的支持。我们不对这个过程进行政治学分析，不去解释工人运动、政党竞争和社会力量是如何推动政策和法律改变的，而是从经济学角度指出，积极的劳动力市场政策的实施与国家在整个社会层面上进行的第二次分配，进一步增加了劳动者的经济收入、改善了劳动者的经济状况、提升了劳动者的经济权益，并因此而缓和了劳资矛盾、缩小了贫富差距，这两个方面的成果，又反过来加强了劳动者的劳动力市场主体和市场经济主体的地位和能力。在这个意义上，我们有理由把积极劳动力市场政策和社会再分配，视为工人经济的延伸和扩展形态。

一、积极劳动力市场政策

在现实的劳动力市场中，即使存在着工会和集体谈判的巨大影响，也依然存在着大量非工会化企业和小企业，存在着原子化劳动者力供求关系的失衡，存在着宏观经济波动、产业结构变动和科技发展对劳动力市场的冲击。这些因素都会导致失业和低工资这两种不利于劳动者的后果，这些后果都不是劳动力市场包括工会化劳动力市场能够消化的，于是，宏观层面的积极劳动力政策应运而生。这些政策将从劳动力需求、劳动力供给、劳动力市场中介、劳动力最低价格不得低于国家规定等方面，促进充分就业和劳动者收入的不断提高。

（一）积极劳动力市场政策的含义和种类

劳动经济学家皮埃尔·卡赫克和安德烈·齐尔贝尔博格认为，积极劳动力市场政策旨在改善失业者甚至整个弱势群体在就业和工资方面的处境，这与消极劳动力市场政策仅仅提供一定期限内的失业保险以及允许提前退休是不同的。按经合组织的分类，积极劳动力政策包括以下五类。

第一，公共服务就业。

第二，劳动力市场培训：面向成年失业者和面临失业威胁者的培训；成年就业者培训。

第三，青年就业与培训措施：失业青年与弱势青年就业与培训；学徒制培训和其他一般性青年培训资助。

第四，补助性就业：私营部门就业补贴；失业者创业资助；直接在公共部门或非营利性组织创造就业机会。

第五，丧失劳动能力者就业计划：职业康复计划；丧失劳动能力者就业计划①。

---

① 皮埃尔·卡赫克、安德烈·齐尔贝尔博格．劳动经济学（2001），沈文恺译．上海：上海财经大学出版社，2007：552—553．

这些政策进一步可以归纳为两大类：积极的劳动力需求政策（第一、第四、第五）和积极的劳动力供给政策（第二、第三）。

积极劳动力市场政策还包括另外三类：一是为连接劳动力市场供求双方，提供公共服务的积极的劳动力中介政策；二是旨在提高劳动力供需双方雇佣关系稳定性的积极就业保护政策；三是强制性规定工资必须达到一定水平的积极劳动力价格政策，包括最低工资标准和生活工资标准。

本节按照“解决失业—保护就业—保护劳动力价格”的逻辑顺序来论述这五种积极劳动力政策。

按凯恩斯的划分，失业有三种。一是摩擦性失业，指由于劳动市场的不完全性或暂时失调而偶然出现的失业；二是自愿失业，指客观上有工作岗位，但劳动者由于种种原因而不愿去就业所造成的失业；三是非自愿失业，指由于社会对商品的需求不足，以致不足以使生产吸收愿意工作的人去工作而造成的失业，尤其是在经济危机时期出现的大面积被迫失业，因此，又被称为需求不足的失业。后来的劳动经济学家补充了凯恩斯没有注意到的一种非常重要的失业，即结构性失业，包括某一地区因为劳动力市场所需要的技能与劳动者的实际供给不匹配而产生的失业，和不同地区劳动力需求和劳动力供给出现不平衡而产生的失业。积极劳动力政策重点应对的是非自愿失业和结构性失业，对前一种，主要通过扩大劳动力需求来解决，对后一种，主要通过改善劳动力供给来解决。

（二）积极的劳动力需求政策

1. 凯恩斯主义为积极劳动力需求政策提供了理论依据

1929—1933 年世界经济大危机是资本主义有史以来最严重的一次危机，与以往的历次危机相比，它有以下新特点。第一，持续时间长达 5 年，而以往的危机，持续时间不过几个月、十几个月。第二，这次危机所造成的生产下降和失业增加，都是以往的危机难以相比的。1932 年，世界的工业生产比 1920 年下降三分之一以上。在五年时间里，世界总失业人数由 1000 万增加到 3000 万，加上半失业共达 4000 万至 5000 万人，其中美国失业人数由 150 万增加到 1300 多万，失业率接近 25%。这次危机使世界的工业生产倒退到1900—1908 年的水平，英国甚至倒退回 1897 年。

凯恩斯认为生产和就业的水平取决于总需求的水平。总需求是整个经济系统里对商品和服务的需求的总量。在新古典主义微观经济理论中，价格、工资和利息率的自动调整会自动地使总需求趋向于充分就业的水平（萨伊定律）。凯恩斯指出当时生产和就业情况迅速恶化的现实，已经证明这个自动调节机制没有起作用。凯恩斯提出的思路可以总结为以下几点：

第一，以往假设的充分就业均衡建立在萨伊定律基础之上，其前提就是错误的。因为总供给与总需求函数的分析结果显示，通常情况下的均衡小于充分就业的均衡。

第二，之所以存在非自愿失业和小于充分就业的均衡，其根源在于有效需求不足；因为总供给在短期内不会有大的变化，所以就业量就取决于总需求。

第三，有效需求不足的原因在于三个基本心理因素，即心理上的消费倾向，心理上的灵活偏好，以及心理上的对资本未来收益之预期。

第四，政府不加以干预就等于听任有效需求不足继续存在，听任失业与危机继续存在；政府必须采取财政政策刺激经济，增加投资，以弥补私人市场有效需求的不足。

2. 罗斯福新政的积极劳动力需求政策

胡佛政府因为采取自由放任政策，反对国家干预经济，加剧了经济危机，使美国经济跌入谷底，人民不满情绪高涨，全国上下要求改革的呼声越来越强烈。美国的统治者反对走共产主义和法西斯主义的道路，大多数人民群众也没有接受共产主义和法西斯主义的思想准备。剩下的出路只有一条，就是在保存市场经济和民主制度的前提下，抛弃自由放任、全凭市场机制那只“看不见的手”自我调整的政策，大力加强国家对社会经济生活的干预，改变局部生产关系，这便是罗斯福新政。

1933年5月，国会通过联邦紧急救济法，成立联邦紧急救济署，将各种救济款物迅速拨往各州。全国1700多万失业人员及其亲属维持生计全靠州政府、市政府及私人慈善事业的帮助和施舍，但这部分财源相对于如此庞大的失业大军，无异于杯水车薪。于是罗斯福政府把单纯救济改为“以工代赈”，给失业者提供从事公共事业的机会，维护了失业者的自力更生精神和自尊心。

第一项措施是通过了民间资源保护队计划，该计划专门吸纳年龄在18—25岁，身强力壮而失业率偏高的青年人，从事植树护林、防治水患、水土保持、道路建筑、开辟森林防火线和设置森林瞭望塔等工程建设。第一批招募了25万人，在遍及各州的1500个营地劳动。到美国参战前，先后有200多万青年在这个机构中工作过，他们开辟了740多万英亩国有林区和大量国有公园。平均每人每期工作9个月，月工资中拿出绝大部分作赡家费，于是在整个社会扩大了救济面和相应的购买力。

第二项措施是设立名目繁多的工赈机关，综合起来可分成两大系统：以长期和大型工程计划为主的公共工程署（政府先后拨额40多亿美元）和以民生和小型工程为主的民用工程署（投资近10亿美元）。后者在全国兴建了18万个小型工程项目，包括校舍、桥梁、堤坎、下水道系统及邮局和行政机关等公共建筑物，先后吸引了400万人工作，为广大非熟练失业工人找到了用武之地。二者总计雇佣人员达2300万，占全国劳动力的一半以上。最著名的工赈机构是工程兴办署和专门针对青年人的全国青年总署。

到“二战”前夕，联邦政府支出的种种工程费用及数目较小的直接救济费用达180亿美元，借此修筑了近1000座飞机场、12000多个运动场、800多座校舍与医院，为失业的工匠、非熟练工人、建筑工人和其他失业者创造了大量就业机会。这笔钱经过工人的口袋、通过不同渠道和消费，流向资本家和私人企业，成为以政府投资刺激私人消费和个人投资的“引动水”。

“二战”以后，美国后来再也没有出现如此大规模政府的直接提供就业的情况了，这毕竟只适用于特大经济危机和战争时期，在通常情况，私营部门当然还是解决就业的主要渠道。但是，凯恩斯主义和新政的基本思路在战后各国就业政策中还是在一定程度上保留了，即在公共部门和非营利性组织创造临时性公职，向没有或者只有很少工作经历以及属于经济弱势群体的个体提供临时工作，以便他们能够掌握最起码的工作技能，养成工作习惯，为将来找到正规工作打下基础，或者为了使他们有享受失业保险的资格。

积极劳动力需求政策的另一种重要形式是补贴性就业，一是政府向雇佣某一特定群体成员的私营企业提供临时性或长期性的补贴或税收减免，二是实施失业者创业援助计划，补贴有志于自己创业解决就业问题的失业者。

（三）积极的劳动力供给政策

在经济正常发展时期的和平时期，积极劳动力需求政策比较适用于低技能和通用性较强的劳动力，对于知识和技能不能满足劳动力市场需求的结构性失业者就会失去效用，需要从改善劳动力供给的水平和结构这方面入手解决问题。主要方式是政府推行劳动力市场职业培训政策，这种政策又分为两类，第一类是政府出资或补贴专门的职业培训机构，帮助失业者完成知识和技能的转移和升级，使他们胜任可能的工作岗位，满足劳动力市场的需求；第二类是政府补贴雇主对学徒工和弱势劳动者群体进行在职培训，在职培训完成后，雇主有可能永久性雇佣受训者。

（四）积极的劳动力中介政策

积极的劳动中介政策是指政府主办或与私营职业介绍机构合办比自发的私营职业介绍机构水平更高、效率更高的大型职业介绍机构，以便能够更加迅速和精准地实现劳动力市场需求与劳动力市场供给之间的匹配和对接。企业和劳动者个人对劳动力市场的供求信息总是有限的，这是造成失业和不充分就业的一个重要原因。当然，大量私营职业介绍机构会涌现出来满足这一需求，为雇主提供可利用的求职者信息，也降低了劳动者个人的求职成本。但是，私营职业介绍机构可能会出现过度竞争及拥塞效应，而且缺乏足够的资本和人力资源建立大型网络，因此，当公共职业介绍机构能够对劳动力供求关系进行更为有效的管理时，无疑是具有效率优势的。在美国和英国，公共职业介绍机构与私营职业介绍机构共同履行劳动力市场中介职能，而在法国、德国和瑞典等其他国家，这一职能被公共职业介绍机构所垄断①。

（五）积极的劳动力就业保护政策

劳动力供求双方建立了劳动合同或者雇佣合同后，政府又提供了一整套强制性限制辞退雇员的就业保护措施，目的在于提高就业的稳定性、降低劳动力的流动性。就业保护包括签订不同期限（从试用期到无固定期限）劳动合同的方式、解雇费、解雇的行政性费用、辞退预先通知、政府审批、事先与工会谈判等有利于雇员的措施。经合组织对这些措施列举如下。

第一，提前通知将被解雇的雇员，或者书面通知他们被解

---

① 皮埃尔·卡赫克、安德烈·齐尔贝尔博格．劳动经济学（2001），沈文恺译．上海：上海财经大学出版社，2007：558

雇的原因，以及告知第三方（工会、政府就业部门等）的义务。

第二，为实施解雇需要向第三方获得准许，或者在正式解雇前为雇员找到其他工作的义务。

第三，提前几个月通知雇员或支付解雇费（除非因雇员的过失而实施的解雇）的义务。

第四，不正当解雇的申诉程序（如果确属不正当解雇，那么有可能被责令支付赔偿或恢复被解雇者工作）。

第五，雇主对外包商或临时援助机构介绍的员工应承担的义务。

各国的劳动法对就业保护均有相关的规定，其中美国、英国、加拿大的规定比较宽松，法国、德国、意大利、西班牙、葡萄牙等国家比较严厉，而北欧诸国则处于两者之间①。

（六）积极的劳动力价格保护政策

在原子化劳动力市场和个别化劳动关系中，企业长期以来普遍按照生存工资（Subsistence Wage）标准确定劳动力价格、支付劳动者报酬。“生存工资理论”是18世纪末19世纪初由亚

① 皮埃尔·卡赫克、安德烈·齐尔贝尔博格．劳动经济学（2001），沈文恺译．上海：上海财经大学出版社，2007：636—637

当·斯密和大卫·李嘉图提出并描述的理论，该理论更多地反映了资本主义原始积累时期的现实情况。生存工资论的要点是：从长远看，在工业化社会中，工人的工资等于他的最低生活费用。这也就是说，工人的工资只能保持在维持其生存的水平上。

19世纪后半叶，英国工人阶级最先开始了争取生活工资（Living Wage）的斗争。在工会较为强大并且有能力进行集体谈判的产业和地方，劳资双方可以制订标准工资、正常工作日、公共卫生和安全等方面的共同规则；但在工会力量弱小、雇佣不规范的产业或地方，只有劳动立法才能强制规定最低国家劳动标准（National Minimum），包括国家最低工资标准、国家最低公共卫生（Sanitation）标准、国家最低闲暇与休息（Leisure and Rest）标准。这个最低标准往往介于不规范产业的个别劳动合同所实现的雇佣条件与规范产业的集体协议所实现的雇佣条件之间，是工会、社会、公众和国家认为非规范产业的非熟练工人所必需的、不能再降低的雇佣条件，其中工资一项一般被称为最低生活工资（Living Wage）。最低生活工资高于免于饿死的糊口工资（A Bare Subsistence Wage），因为生活显然大于和高于糊口，最低生活工资除了能够维持生命外，还能够保障每一个工人持续和有效地履行其作为生产者和公民的社会功能。最低生活工资的信条替代既得利益信条和供需信条而成为工会运动的基本信条，是因为它来自一条更伟大的人性信条——人应该并有权依靠他的劳动过上正常的社会生活。按照这一信条，工资不能仅仅被起伏不定的产业状况和市场供需状况所决定，而应该依照工人作为生产者和公民的需要以及他们努力的程度来决定①。

大规模和严重的贫富分化是工业革命在欧洲和北美带来的后果之一。在 19 世纪和 20 世纪初的美国，劳动者们认为，低工资是一系列社会弊病的罪魁祸首，廉价出卖劳动力等同于娼妓出卖自己的肉体，是毫无道德和尊严可言的，而娼妓问题也与女工问题相混淆。工人们觉得，娼妓的存在是因为男性无力得到足够的薪酬养家，而普通女工需要离开家庭外出打工这一现象，同样是因为她们的男性亲属没有经济能力造成的。娼妓问题此时不仅被看成道德问题，还被看作与低工资联系在一起的社会经济结构问题。也就是说，只有公平、体面、足够劳动者抚养家人的生活工资，才能够保证劳动者家庭的女性正常扮演母亲、妻子和姐妹的性别角色。1913 年《泼克》漫画杂志发表一幅社会讽刺画，大群妓女沦落于苦难生活的茫茫大海，最终被“生活工资号”救生艇搭救，送往大船“家庭号”。美国劳联领袖冈珀斯在 1902 年曾经说，赚不到生活工资意味着劳动

① SeeSidney and Beatrice Webb, *Industrial Democracy (1897)*, Longmans, Green, and Co.: 39 Paternoster Row, London, 1920, pp. 587 – 591.

者丧失了男性尊严，意味着劳动者的男性尊严“被贬低、被羞辱、被挫伤”。在美国，呼吁最低工资立法的原始动机是保护女工的道德，防止她们因为工资过低而做娼妓。所以当时人们在谈论最低工资时，提出要区别对待男女工人。对男性劳动者，最低工资应该足够他抚养家庭和养老；而对女工来说，最低工资只需要保证她自己能够过上体面的生活，从而抵御堕落为娼妓的诱惑。

美国的工会领袖长期以来对资本家御用经济学者的工资理论嗤之以鼻。美国的主流经济学者号称“科学”的工资学说，长期被用以压低工人的薪酬，为垄断资本家最大限度地赚取利润服务。他们的理论有时会荒诞到违背生活常识的地步，譬如认为提高法定最低工资必然导致就业机会减少。工会领袖则提出，经济现象的研究不能脱离社会和道德，不能仅仅是效率、利润、供需关系、“铁的经济规律”和统计数字的游戏，因为在数字背后是成千上万劳动者的真实生活。

劳动者和工会领袖从生活工资的意义上来看待劳资关系。工资作为对工人劳动的回报，必须足够工人及其家庭过上有尊严的生活，能够保障他们在生病、工伤以及退休时的生活，只有这样，工资才是公正的。充足的工资不仅是工人及其家庭体面生活的保障，也是他们提升社会地位的经济基础，还是工人维持公民尊严和积极参与政治活动的经济保证。来源于工资的积蓄，成为工人及其子女接受教育和购买住宅等消费的唯一途径，而在低廉的工资水平下，美国劳动者是与美国生活方式格格不入的。

这样的认识说明，劳动者和他们的领袖承认了市场经济和私有财产的合法性，意识到雇佣关系和工资制度将长久地存在下去。生活工资是在这个前提下保证和改善工人待遇的一个关键环节。工资增长和工人购买力的提高，就像罗斯福总统后来在“新政”时期强调的那样，不仅是拉动内需和推动经济繁荣的必要条件，也是社会稳定与和谐的基础。

从20世纪初开始，特别是到了20世纪30年代后，当各州议会和国会讨论最低工资立法时，最低工资也被看作是最低限度的生活工资。1938年，在罗斯福的敦促下，美国国会通过了《公平劳动标准法》。除了废止童工和确立每周40小时工作制，该法令还规定了联邦最低工资，目的是维护工人的身心健康，而不仅是最低的生理需求。

20世纪90年代，在北达科他等州和一些美国城市，发起了“生活工资立法”运动，即通过地方立法规定比联邦最低工资更高的工资标准，以保证工人及其家庭能够摆脱贫困。当时的联邦最低工资为每小时4.25美元，而许多人认为，每小时10美元的工资才是摆脱贫困的最低必要条件。1995年，克林顿总统在他的国情咨文里呼吁国会将“最低工资”变成“生活工资”。在当下的美国社会，最低工资是法律所规定的一个数额，雇主支付给劳动者的薪酬不得低于此标准，但这个数额不是足够劳动者及其家庭过上体面生活的劳动报酬，即所谓“生活工资”。2007 年美国国会通过《最低公平工资法》，规定在三年内将联邦最低工资由每小时 5.15 美元提高到 7.25 美元。美国最近二十多年之所以发生生存工资运动，是因为美国人感到最低工资标准的提高远远赶不上物价增长的速度。自 20 世纪 60 年代以来，最低工资的实际购买力在不断下降，这违背了当初最低工资是被当作生活工资的立法宗旨，最低工资沦为生活工资或者活命工资。当生活工资运动事实上已经成功地将生活工资提案变成了法律时，生活工资的新标准就变成了受该法律管辖的企业必须向工人支付的法定最低工资。在这种情况下，生活工资标准变成了最低工资标准①。

二、社会再分配：社会保险和社会福利

如果说，上述积极劳动力市场政策仍然是通过国家立法和

① 波林、布伦纳、威克斯—利姆、卢斯．衡量公平：生存工资与最低工资经济学——美国经验，孙劲悦译．大连：东北财经大学出版社，2012：11。顺便指出，这本书的中译本从书名到全书正文，从头到尾错误地把 Living Wage（生活工资）翻译成了生存工资（Subsistence Wage）。

政府行政干预劳动力市场本身的运行、从外部干预初次分配或第一次分配的话，那么，由社会保险和社会福利构成的社会保障体系就已经脱离了市场的领域，进入由国家来主导的再分配、第二次分配的领域了。在很大的程度上，它们以转移支付的方式，纠正了市场领域出现的贫富分化和经济不平等，大大地降低了基尼系数，大大地提高了工人和其他劳动者的福利，使财富在全社会得到了更为平等和公正的分配。

（一）社会保障体系

社会保障是国民收入再分配形式，我们把由法律规定的社会保障政策和措施体系称为社会保障制度。一般来说，社会保障由社会保险、社会救济、社会福利、优抚安置等组成，其中，社会保险是社会保障的核心内容。全球的社会保障模式，大致可分为国家福利、国家保险、社会共济和积累储蓄四种，分别以英国、苏联、德国、新加坡为代表。目前中国正在建设的社会保障制度，属于社会共济模式，即由国家、单位（企业）、个人三方共同为社会保障计划融资。国际劳工局对社会保障的界定是："社会保障即社会通过一系列的公共措施对其成员提供的保护，以防止他们由于疾病、妊娠、工伤、失业、残疾、老年及死亡而导致的收入中断或大大降低而遭受经济和社会困窘，对社会成员提供的医疗照顾以及对有儿童的家庭提供的补贴。”我国学者认为“社会保障是国家依法强制建立的、具有经济福利性的国民生活保障和社会稳定系统；在中国，社会保障应该是各种社会保险、社会救助、社会福利、军人保障、医疗保健、福利服务以及各种政府或企业补助、社会互助保障等社会措施的总称”①。

社会保障是现代工业文明的产物，是经济发展的“推进器”，是维护民众切身利益的“托底机制”，是维护社会安全的“稳定器”。社会保障是现代国家的一项基本社会经济制度，是社会安定的重要保障，也是社会文明进步的重要标志。公民的社会保障权利，得到世界人权宣言的庄严承诺：“人人有权享受为维持他本人和家属的健康和福利所需的生活水准，包括食物、衣着、住房、医疗和必要的社会服务；在遭到失业、疾病、残废、守寡、衰老或在其他不能控制的情况下丧失谋生能力时，有权享受保障。”我国更是将公民的社会保障权利直接写入宪法，《中华人民共和国宪法》第四十四条规定，“国家依照法律规定实行企业事业组织的职工和国家机关工作人员的退休制度。退休人员的生活受到国家和社会的保障”。第四十五条规定，“中华人民共和国公民在年老、疾病或者丧失劳动能力的情况下，有从国家和社会获得物质帮助的权利。国家发展为公民享

---

① 郑功成．社会保障学．北京：商务印书馆，2000：11

受这些权利所需要的社会保险、社会救济和医疗卫生事业”。

（二）社会保险

社会保险是社会保障制度的一个核心组成部分，是指国家通过立法强制建立社会保险基金，对劳动者在丧失劳动能力或失业时给予必要的物质帮助的制度。社会保险对劳动者提供的是基本生活保障，只要劳动者符合享受社会保险的条件，即或者与用人单位建立了劳动关系，或者已按规定缴纳各项社会保险费，即可享受社会保险待遇。

社会保险不仅具有稳定社会生活和再分配的功能，而且也能够促进社会经济发展：首先是能够扩大社会需求，对经济起到了正面的作用；其次是社会保险基金的有效利用可以促进经济的持续繁荣；最后是为企业招揽人才提供了重要条件。

社会保险包括五个基本险种，本书将住房公积金视为第六个险种。

1. 养老保险

养老保险是国家和社会根据一定的法律法规，为解决劳动者在达到国家规定的解除劳动义务的劳动年龄界限，或因年老丧失劳动能力退出劳动岗位后的基本生活而建立的一种社会保险制度。

退休、养老，是最基本的人权，是人的生存权在老年时的实现，或者说是人在年老时的生存权。由于人年老后不能继续劳动并靠劳动获得生活资料，就只能靠自己过去的积蓄养老。在没有积蓄或者有限的积蓄耗尽以后，老人就会失去生活资料来源而面临极为严重的生存危机。现代文明社会，现代的国家和政府，显然不能甩手不管老人的死活，而必须以社会的力量、以社会的方式，来保障老年人的生存权利。

现代养老保险制度起源于19世纪末欧洲资本主义工业社会。1889年，德国在世界上第一个建立了强制性的国家养老金制度。经过100多年的发展，类似的制度已经推广到160多个国家和地区，逐渐形成了三种基本的社会保险类型。

（1）收入关联型、雇佣相关性模式养老保险

以德、美、法等发达市场经济国家为代表的养老保险，并不覆盖全体国民，强调待遇与工资收入及缴费情况相关联。保险对象一般为工薪劳动者，养老保险费由雇主和雇员共同负担，通过立法程序强制雇主和劳动者分别按照规定的投保费率投保，并要求建立老年社会保险基金，实行多层次退休金。与此同时，国家是养老保险的后盾，在财政、税收和利息政策上给予资助。由于这种养老保险模型与劳动者身份具有直接的关联性，故又可以称之为劳动权利型养老保险，并且在所有养老保险形式中占主流地位。

（2）储蓄型养老保险

储金型养老保险制度在一批新兴市场经济国家实行，以新加坡、智利等国家为代表，强调自我保障的原则，实行完全积累的基金模式，建立了不同类型的个人养老保险账户或“公积金”账户。养老保险费用由雇主和雇员共同分担，在参保人退休或遇有特殊需要时，将个人账户基金定期或一次性支付给个人。这种养老保险制度有利于发挥个人的自我保障功能，体现多劳多得的原则。但是，这一制度也存在自身缺陷，即无法充分发挥社会保障的互济互助功能，同时普遍面临着如何使基金保值增值的压力，在出现持续通货膨胀和金融危机时，基金将面临困难。

（3）福利型普惠制养老保险

福利型普惠制养老保险主要由国家承担养老保险费，雇员个人不缴费，因此又被称为国家统筹型养老保险制度。福利型养老保险以英、澳、加、日、北欧为代表，基本养老保险覆盖全体国民，强调国民皆有年金，因此也被称为“普惠制”养老保险。这种养老金与公民的身份、职业、在职时的工资水平、缴费（税）年限无关，所需资金完全来源于政府税收。需要说明的是，这种普惠制的养老保险待遇，一般水平较低，不足以维持退休者的体面生活，退休者必须同时加入其他养老保险计划。目前，实行福利型养老保险的国家大多已经或正在向混合型制度转轨，即由福利型养老保险与收入关联型养老保险共同构成基本养老保险。

上述三种类型的养老保险制度，其实只是分别突出了企业、个人、国家在养老保险中特殊的地位和作用，并不排除企业、个人、国家在养老保险中的互补共存。在以企业为第一责任主体的收入相关型养老保险中，国家的兜底作用和个人储蓄的补充作用也是不可缺少的；在以个人为第一责任主体的储蓄型养老保险中，企业和国家也是不能缺位的；在以国家为第一责任主体的普惠制养老保险中，企业和个人也是积极参与的。世界银行在其 1994 年出版的专著《防止老龄危机——保护老年人及促进增长的政策》中首次提出公共养老金计划（第一支柱）、职业养老保险计划（第二支柱）和个人储蓄计划（第三支柱）的概念。11 年之后，世界银行在其 2005 年出版的《21 世纪的老年收入保障——养老金制度改革国际比较》中，将三支柱扩展为五支柱：一是非缴费型养老金的“零支柱”，这是作为定额式养老金的国民养老金或社会养老金，以提供最低水平的保障；二是缴费型养老金制度，这是“第一支柱”，它与本人的收入水平不同程度地挂钩，旨在替代部分收入；三是强制性的个人储蓄账户，这是“第二支柱”，但各国建立形式可以各有不同；四是灵活多样的自愿型保险，这是“第三支柱”，如完全个人缴费型、雇主资助型、缴费确定型或待遇确定型，个人可以自主决定是否参加以及缴费多少；五是非正规的保障形式，如家庭成员之间、代际之间、社区和社会组织对老年人在经济或非经济方面的援助，包括医疗和住房方面的资助。

由这五根支柱组成的养老保险体系，基本上做到了在全覆盖、平等、公平正义的基础上有差异地对公民养老权的保障和落实。所谓全覆盖和平等，是指人人都获得了能够满足基本生存需要的养老金；所谓差异，是指养老金与在职收入和缴费数额挂钩，在底线平等的基础上具有合理的差别；所谓公平正义，是指既实现了部分转移支付、缩小了贫富差距，又保留了个体差异，鼓励了个体参与养老体系建设的积极性和责任心。

2. 医疗保险

医疗保险是为了补偿劳动者因疾病风险造成的经济损失而建立的一项社会保险制度。通过用人单位与个人缴费，建立医疗保险基金，参保人员患病就诊发生医疗费用后，由医疗保险机构全部或者大部分报销。

医疗保险具有社会保险的强制性、互济性、社会性等基本特征。因此，医疗保险制度通常由国家立法强制实施，建立基金制度，费用由用人单位和个人共同缴纳，国家财政兜底。医疗费用由医疗保险机构划账支付，以解决患者尤其是重病患者个人难以承受的燃眉之急，避免见死不救的非人道现象发生。

医疗保险有利于提高劳动生产率，促进生产的发展；有利于调节收入差别，体现社会公平性；有利于维护社会安定的重要保障；有利于促进社会文明和进步。

3. **失业保险**

失业保险是国家通过立法强制实行，由用人单位、职工个人缴费及国家财政补贴等渠道筹集资金建立失业保险基金，对因失业而暂时中断生活来源的劳动者提供物质帮助以保障其基本生活，并通过专业训练、职业介绍等手段为其再就业创造条件的一种社会保险制度。

失业保险具有普遍性，参保单位应不分部门和行业，不分所有制性质，其职工应不分用工形式，不分户口属于城镇还是农村，在其解除或终止劳动关系后，只要本人符合条件，都有享受失业保险待遇的权利。

失业保险具有强制性，在失业保险制度覆盖范围内的单位及其职工必须参加失业保险并履行缴费义务，不履行缴费义务的单位和个人都应当承担相应的法律责任。

失业保险具有互济性，失业保险基金由单位、个人和国家三方共同负担，缴费比例、缴费方式相对稳定。所筹集的失业保险费不分来源渠道与缴费单位的性质，全部并入失业保险基金，在统筹地区内统一调度使用以发挥互济功能。

4. **工伤保险**

工伤保险，又称职业伤害保险，是劳动者在工作中或在规定的特殊情况下，遭受意外伤害或患职业病导致暂时或永久丧失劳动能力以及死亡时，劳动者或其遗属从国家和社会获得物质帮助的一种社会保险制度。由于职业危害无所不在、无时不在，因此工伤保险作为抗御职业危害的保险制度适用于所有职工，任何职工发生工伤事故或遭受职业疾病时，都应毫无例外地获得工伤保险待遇。

工伤保险是对劳动者的生命健康权遭受损害的一种赔偿，实行无过错责任原则，无论工伤事故的责任归于用人单位、职工个人或第三者，用人单位均应承担保险责任。工伤保险不同于养老保险等险种的地方是劳动者不缴纳保险费，全部费用由用人单位负担，即工伤保险的投保人为用人单位。

工伤保险保障了工伤职工的医疗以及其基本生活费用、伤残抚恤和遗属抚恤，在一定程度上解除了职工和家属的后顾之忧，体现出国家和社会对职工的尊重，有利于提高他们的工作积极性。工伤保险保障了受伤害职工的合法权益，有利于妥善处理事故和恢复生产，维护正常的生产、生活秩序，维护社会安定。

5. 生育保险

生育保险是为了维护女职工的基本权益，减少和解决女职工在孕产期以及流产期间因生理特点造成的特殊困难，使她们在生育和流产期间得到必要的经济收入和医疗照顾，保障她们及时恢复健康并回到工作岗位的一种社会保险制度。其主要作用有以下几个方面。

一是对妇女生育价值的认可。妇女生育是社会发展的需要，她们不仅为家庭带来新的生命，也为社会劳动力再生产付出了努力，应当得到社会的补偿。因此对妇女生育权益的保护，被大多数国家接受并给予政策支持。目前世界上有135个国家通过立法保护妇女生育的合法权益。

二是对女职工基本生活的保障。女职工在生育期间离开工作岗位，不能正常工作。国家通过制定相关政策保障她们离开工作岗位期间享受有关待遇。其中包括生育津贴、医疗服务以及孕期不能坚持正常工作时，给予的特殊保护政策。生育保险在生活保障和健康保障两方面为孕妇的顺利分娩创造了有利条件。

三是提高了人口素质。妇女生育体力消耗大，需要充分休息和补充营养。生育保险为她们提供了基本工资，使她们的生活水平不会因为离开工作岗位而降低，同时为她们提供医疗服务项目，包括产期检查，围产期保健指导等，为胎儿的正常生长进行监测。对于在妊娠期间患病或接触有毒有害物质的妇女，做必要的检查。如发现畸形儿，可以及早中止妊娠。对于在孕期出现异常现象的妇女，进行重点保护和治疗，以达到保护胎儿正常生长、提高人口质量的作用。

6. 住房公积金

住房公积金是指国家机关、国有企业、城镇集体企业、外商投资企业、城镇私营企业及其他城镇企业、事业单位、民办非企业单位、社会团体及其在职职工缴存的长期住房储金。

住房公积金的上述定义有五个方面的含义：一是住房公积金只在城镇建立，农村不建立住房公积金制度。二是只有在职职工才建立住房公积金制度。无工作的城镇居民、离退休职工不实行住房公积金制度。三是住房公积金由两部分组成，一部分由职工所在单位缴存，另一部分由职工个人缴存。职工个人缴存部分由单位代扣后，连同单位缴存部分一并缴存到住房公积金个人账户内。四是住房公积金缴存的长期性。住房公积金制度一经建立，职工在职期间必须不间断地按规定缴存，除特殊情况外不得中止和中断。五是住房公积金虽然是职工工资的组成部分，但不以现金形式发放，并且必须存入住房公积金管理中心在受委托银行开设的专户内，实行专户管理和专款专用，存储期间只能按规定用于购、建、大修自住住房，或交纳房租。职工只有在离退休、死亡、完全丧失劳动能力并与单位终止劳动关系或户口迁出原居住城市时，才可提取本人账户内的住房公积金。

之所以把住房公积金归入社会保险制度之列，是因为其具有如下特征。一是保障性，建立职工住房公积金制度，为职工较快、较好地解决住房问题提供了保障。二是互助性，建立住房公积金制度能够有效地建立和形成有房职工帮助无房职工的机制和渠道，而住房公积金在资金方面为无房职工提供了帮助，体现了职工住房公积金的互助性。三是强制性，单位不办理住房公积金缴存登记或者不为本单位职工办理住房公积金账户设立的，住房公积金的管理中心有权力责令限期办理，逾期不办理的，可以按《住房公积金管理条例》的有关条款进行处罚，并可申请人民法院强制执行。四是福利性，除职工缴存的住房公积金外，单位也要为职工交纳一定的金额，而且住房公积金贷款的利率低于商业性贷款。五是返还性，职工离休、退休，或完全丧失劳动能力并与单位终止劳动关系，户口迁出或出境定居等情况，缴存的住房公积金将返还职工个人。

（三）社会福利

广义的社会福利就是社会保障，其中包括社会保险。狭义的社会福利是对在社会保险覆盖范围之外的非劳动者，或虽然享受社会保险但仍然存在特殊困难的社会弱势群体的一种特殊扶助，如对生活能力较弱的儿童、老人、单亲家庭、残疾人、慢性精神病人等群体的社会照顾和社会服务。社会福利所包括的内容十分广泛，不仅包括生活、教育、医疗方面的福利待遇，而且包括交通、文娱、体育等方面的待遇。

社会福利一般包括现金援助和直接服务。现金援助通过社会救助和收入补贴等形式实现，直接服务通过兴办各类社会福利机构和设施实现。主要内容有：医疗卫生服务、文化教育服务、劳动就业服务、住宅服务、孤老残幼服务、残疾康复服务、犯罪矫治及感化服务、心理卫生服务、公共福利服务等。服务对象包括老年人、残疾人、妇女、儿童、青少年、军人及其家属、贫困者，以及其他需要帮助的社会成员和家庭等。服务的形式有人力、物力、财力的帮助，包括国家、集体、个人兴办的社会福利事业的收养、社区服务、家庭服务、个案服务、群体服务等。社会福利的主要形式有以下几种。

1. 社会救济

社会救济是国家和社会对生活在贫困线以下的低收入者或者遭受灾害的生活困难者提供无偿物质帮助的一种社会保障制度。从历史发展看，社会救济先于社会保险。早在 1536 年，法国就通过立法要求在教区进行贫民登记，以维持贫民的基本生活需求。1601 年，英国制定了济贫法，规定对贫民进行救济。中国古代的“义仓”也是一种救济制度。这些都是初级形式的社会救济制度。维持最低水平的基本生活是社会救济制度的基本特征，其经费的主要来源是政府财政支出和社会捐赠。

2. 优抚安置

优抚安置是国家对从事特殊工作者及其家属，如军人及其亲属予以优待、抚恤、安置的一项社会保障制度。在我国，优抚安置的对象主要是军烈属、复员退伍军人、残疾军人及其家属；优抚安置的内容主要包括提供抚恤金、优待金、补助金，举办军人疗养院、光荣院，安置复员退伍军人等。

3. 社会互助

社会互助是指在政府鼓励和支持下，社会团体和社会成员自愿组织和参与的扶弱济困活动。社会互助具有自愿性和非营利性的特征，其资金主要来源于社会捐赠和成员自愿交费，政府往往从税收等方面给予支持。社会互助主要形式包括：工会、妇联等群众团体组织的群众性互助互济；民间公益事业团体组织的慈善救助；城乡居民自发组成的各种形式的互助组织等。

第八章

工人经济与人类经济制度

本书第二章至第七章梳理了工人经济的几种主要形态，及其从低到高的历史演进过程和内在逻辑。其分析方法是相对忽略或抽象掉了其他生产要素（土地、资本、管理、技术、知识等）在整个经济体系中的演化发展进程，将这个任务交由土地经济学、资本经济学、管理经济学、技术经济学、知识经济学等其他经济学科去完成。从原子化劳动力市场经济，发展到工会化劳动力市场经济，再发展到人力资本和劳动产权经济，是工人经济的三个基本阶段，也是工人经济发展的主线（经线）。而作为工人经济的独立自主形态和特殊形态的团结互助合作经济，与作为工人经济的宏观延展形态的积极劳动力市场政策和社会再分配，构成了工人经济的两条辅线（纬线）。本章将进一步探讨工人经济与其他生产要素经济（土地经济、资本经济、管理经济、技术经济、知识经济）之间的关系，试图由此出发，寻找整个市场经济制度乃至整个人类经济制度的演进和发展规律。

一、不同经济发展阶段的不同生产要素

马克思主义的生产力决定生产关系这一基本原理仍然是有

效的，只不过需要进一步细化，探讨生产力各要素（生产要素）以及它们的具体结构是如何决定生产关系的。由于不同生产要素在不同历史时期的发展水平以及它们各自所占的地位和所起的作用不同，就使得历史上出现了不同的经济形态和经济制度。其中，劳动者生产力（简单劳动力和复杂劳动力）这一生产要素的发展趋势，决定了经济形态和经济制度由低到高总的历史发展路线。

1. 生产要素与经济形态

马克思主义把生产力分为生产对象、生产工具和生产者三要素。西方经济学所谓的生产要素，是指进行社会生产经营活动时所需要的各种社会资源，是维系国民经济运行和生产经营过程中所必须具备的基本因素，包括劳动力、土地、资本、管理（企业家才能）四种。劳动力是指人类在生产过程中体力和智力的总和；土地不仅指一般意义上的土地，还包括地上和地下的一切自然资源，如江河、湖泊、森林、海洋、矿藏等；资本可以表示为实物形态和货币形态，实物形态又被称为投资品或资本品，如厂房、机器、动力燃料、原材料等，货币形态通常称为货币资本；企业家才能通常指企业家的投资和经营管理才能。随着科技的发展和知识产权制度的建立，技术、信息（知识）也作为相对独立的要素投入生产。

经济形态是对生产力发展水平、状态、结构和阶段的一种抽象概括，包括生产模式、主导产业、基本经济结构等。人类历史上产生了四种经济形态：以采集和狩猎为主的原始经济形态，以种植、养殖为主的农业经济形态，以制造和服务为主的工业经济形态，以信息加工和文化创意为主的知识经济形态。人类历史根据经济形态发展阶段也被划分为原始经济时代、农业经济时代、工业经济时代、知识经济时代，或者野蛮和蒙昧时代、农业文明时代、工业文明时代、信息（知识）文明时代。

各种生产要素在人类历史上并不处于平均的存在状况，也不是平行的发展状况。在人类改造自然的能力即生产力由低到高的发展过程中，不同的生产要素在生产结构中分别占有不同的位置，有的处于优势地位、发挥主导作用，有的处于从属地位、发挥辅助作用，而这正是区分不同经济发展阶段和经济形态的主要依据。

在原始经济形态中，自然界所提供的现成食物（野兽和野果）是最重要的生产要素，简单劳动力以及简单劳动力的组合是第二位的生产要素，而简陋的石器工具是第三位的生产要素。在农业经济形态中，不是现成的食物，而是被耕种的土地、被种植的植物、被养殖的动物，成为最重要的生产要素。而且在农业、畜牧业生产过程中，生产工具的作用超过了原始劳动中人力和人力组合的作用，因此生产工具成为第二位的生产要素，简单劳动力退居第三位。在工业经济形态中，生产工具与物化在生产工具中的少数人的复杂劳动力和科学技术知识，共同组成了工业经济时代的第一生产力或第一生产要素，土地降为第二生产要素，管理（企业家才能）成为第三生产要素，而简单劳动力是第四位的生产要素。在知识经济形态中，科学技术、信息、知识成为第一生产力，这也同时意味着，少数人的创新性智力劳动和多数人的应用性智力劳动，共同构成了第一生产要素，资本和管理退居第二位，土地居第三位，只占劳动者少数的蓝领工人的简单劳动力居于第四位。

从横向来看，当今世界可以说是农业经济形态、工业经济形态和知识经济形态并存的时代，大多数发展中国家处在农业经济向工业经济的转化阶段，其中少数还处在农业经济阶段，发达国家则已经处在工业经济的高级阶段并正在向知识经济形态过渡。

2. 生产要素与经济制度

一定的生产力结构是与一定的生产关系相匹配的，生产关系包括产权关系、交换关系和分配关系，三者共同构成一个社会的基本经济制度，其中最为重要的是产权制度（所有制）。这里所谓所有制，不能仅仅局限于生产资料所有制，或财产所有制，即对生产要素中“物”的因素的占有、支配、使用、收益和处置的制度安排，而是指对所有生产要素（土地、资源、生产工具、简单劳动力、管理能力、技术、知识）归谁所有的制度安排。所有制是指生产要素所有制，包括生产资料的所有制和生产能力的所有制。

按马克思主义的说法，西方社会经历了原始公有制—奴隶主所有制—封建地主所有制—资本主义所有制的所有制发展历程。过去我们简单地把它理解为生产资料所有制的发展过程，其实它也是劳动力所有制的发展过程。生产资料所有制经历了原始经济时代和农业经济时代以土地所有制为主的阶段和工业经济时代以生产工具所有制为主的阶段，与此同时，劳动力所有制也经历了共同占有到被别人占有，再从被别人占有到自己占有的过程。原始经济形态、农业经济形态和工业经济形态的一个共同点是，由于生产资料（土地和生产工具）是最重要的生产要素，而人的生产能力、劳动力处在次要地位，因此，生产资料所有制在所有制结构中占主导地位，而劳动力所有制只占次要地位。

3. 促成经济形态和经济制度演变的最终力量是劳动者生产能力的不断提高

随着人的生产能力即劳动力越来越由简单劳动力转化为复杂劳动力，其在生产要素中也占有越来越重要的地位，与之相适应，劳动者生产能力所有制在整个生产要素所有制的结构中也占有越来越重要的地位。随着工业文明向信息文明转化，物质经济向知识经济转化，体力劳动者（蓝领工人）也在大规模地转化为脑力劳动者（白领工人），一个新的智力劳动阶级正在取代传统的体力劳动阶级。在这样一种新的历史条件下，所有制结构也会随之发生巨大的变化：劳动者生产能力所有权将取代生产资料所有权而成为首要的所有权，知识产权将取代物质产权而成为首要的产权，人力资本将取代物质资本而成为首要的资本；与此同时，一个新型的、以智力劳动为主体的、占社会人口绝大多数的有产阶级，将取代传统的、以资本所有者为主体的、占社会人口少数的资产阶级，而成为社会的主导阶级。迄今为止，世界上只有少数发达国家已出现这种发展趋势，大部分国家、人类的大多数还处在生产资料所有制占统治地位的阶段，而劳动者生产能力所有制仍处于低级发展阶段。

二、从自由放任市场经济到社会市场经济

1. 劳动者生产力的发展推动了自由放任市场经济向社会市场经济的转变

从上述理论范式出发，我们就能解释清楚，工人经济的发展是怎样推动整个资本主义市场经济制度的变化了。拥有简单劳动力的原子化劳动者，面对处于强势的拥有生产资料的资本家时，当然处于弱势地位，只能与资本家一起构成原子化劳动

力市场和个别化劳动关系，构成自由放任的市场经济。工会和集体谈判，在劳动者个体劳动力有所提高的基础上实现了劳动力的集合，意味着劳动力要素在一定范围内的集体所有制对生产资料资本家所有制形成了一种制衡，由此衍化为工会化劳动力市场和集体化劳动关系，推动自由放任市场经济转向社会市场经济。至于工人参与管理、劳资共决、人力资本、劳动产权等工人经济形式的出现，本质上是以个体劳动力更高程度的发展、以简单劳动转变为复杂劳动力、以人力资源转化为人力资本为前提的。当这些个体性复杂劳动力或人力资本借助于工会、员工持股会等形式的集合与物质资本进行平等的竞争和合作时，劳动者生产能力所有制就与生产资料所有制处于分庭抗礼的状态，这同时也把社会市场经济由较低的阶段推向了较高的阶段。

2. **社会市场经济继承了自由放任市场经济的合理内核，纠正了其不合理的部分，使市场经济变得更为公正合理了**

首先，社会市场经济用社会人假设修正了自由放任经济的理性经济人假设。之所以说是修正，是因为经济人假设并非完全错误，毕竟追求经济利益仍然是人类或绝大多数人最主要的行为动机和生活目标。社会人假设不是要否认这一点，而是用“社会性的经济人”假设替代纯经济人的假设。其次，当斯密在《国富论》提出经济人假设的时候，实际上是以他在《道德情操论》中提出的有同情心的道德人假设为前提的。这样，他才能合乎逻辑地推论出，每个人只追求自己的私利而不可能出现恶性竞争，他们自私自利的行为，仿佛被一只“无形的手”所引导，自然而然地导向公共的福利。霍布斯的“人狼假定”和休谟的“无赖假定”也不无道理，事实上，在经济竞争中，到处活跃着暴力、欺骗、贪婪等人性恶的力量，不可能达到经济秩序自发、自动的和谐，于是，“社会”作为一个相互监督和制约的权力体系就出现了。当资本作为一种不受制约的权力发生作用时，必然会出现市场失灵、市场不公乃至市场崩溃的结果。因此社会市场经济主张“有形之手”的介入。“有形之手”大体上有三种：第一种是工人团结和组织起来，作为一个小社会（社团），与资方进行面对面的集体谈判，从企业内部监督和制约资本；第二种是更大范围的社会力量，如社区、消费者、知识界与舆论界等社群介入，以社会运动的方式，从企业外部监督和制约资本；第三种是以国家法律和政府政策对资本和市场进行具有强制性的监管和限制。

3. 社会市场经济修正了自由放任经济中三位一体的模型

自由放任经济中“自由平等的个人”“充分竞争条件下的企业”与“公平竞争、自由选择、信息流通的市场”这个三位一体的模型，是从自由主义经济学方法论的个人主义出发得出的抽象、理想的模型，并不是现实经济生活本身。由于历史遗留问题与每天每时发生的剥削、压迫、垄断、不正当竞争、暴力和欺诈、权力寻租等因素的共同作用，实际上个人是不自由不平等的、企业是不充分竞争的、市场是不公平的。社会市场经济一开始就把市场经济理解为一个复杂的历史演化过程，它是从非市场经济（自然经济、统制经济、权力经济、计划经济等）的夹缝中生长出来的，需要逐步打破传统的政治法律制度和文化价值体系的桎梏，逐步建立与它相适应并且强有力地支持它的新型政治法律制度和文化价值体系。除了以反垄断法、反不正当竞争法规制和约束强势经济个体彼此之间的关系，还要特别保障弱势经济个体以组织和集体行动的方式反制强势经济个体的权利，保障劳动者的团结组织权、集体谈判权和罢工权，以劳动力集体定价方式补充、纠正和替代劳动力个别定价方式，这样才能使劳资双方这两个最主要的市场主体之间保持一种大体均衡的状态。历史经验表明，劳动力在一定范围内的“垄断”（更准确地说是“集合”），有效抵制了资本对企业财产所有权、经营管理权和分配权的垄断和集合。社会市场经济不是要否定市场经济，而是要推动市场经济朝着更为平等、自由和公正的方向发展。

主要参考文献

一、英文参考文献

1. Angus Deaton, Consumption Poverty and Welfare. Economic Sciences Prize Committee of the Royal Swedish Academy of Sciences, 2015.

2. Amartya Sen, The Idea of Justice, Belknap Press of Harvard University Press, 2011.

3. Aoki, Equilibrium Growth of the Hierarchical Firm: Shareholder Employee Cooperative Game Approach , The Economic Review, 1980 (9) .

4. Cunnar Myrdal, "The Challenge of World Poverty: A World Anti – Poverty Program in Outline", New York, Pantheon Books, 1970.

5. D. Knights, H. Willmott, Labour process theory , The Macmillan Press LTD, 1990.

6. Frank Tannenbaum, The true society, A Philosophy of La-

bour, New York, Knopf, 1951.

7. H. Braverman, Labour and Monopoly Capital, NewYork: Monthly Review Press, 1974.

8. John T. Dunlop, Industrial Relations Systems, Harvard Business School Press, 1958.

9. Keith Layborn, A History of British Trade unionism, Alan sutton publishing LTD, 1992.

10. Kelso, Democracy and Economic power, Cambridge: Ballinger, 1986.

11. L Schultz Reed, The labour philosophy of Samuel Gompers, N. Y. Kennikat Press, 1930.

12. M. Beech, The political philosophy of New Labour, N Y Tauris Academic Studies, 2006.

13. M. Sverke, The future of trade unionism, Ashgate, Publishing Company, 1997.

14. William F. Warde, American philosophy and the labor movement, International socizlist review vol. 23, spring 1962, pp. 52 –55.

15. Melvyn Dubofsky. , The State and Labor in Modern America, Chapel Hill and London: The University of North Carolina Press, 1994.

16. William Forbath. , Law and the Shaping of the American Labor Movement. Cambridge, MA. : Harvard University Press, 1994.

17. Prabhat Patnaik, "Capitalism , Inequality and Globalization : Thomas Piketty' s Capital in the Twenty – first Century", The Marxist 2014 (4 – 6) .

18. Remy C. Kwant: Philosophy of Labour, Duquesne University, 1960.

19. Race Mathews, Turning the tide : towards a mutualist philosophy and policies for labor and the left, Melbonrne: Australian Fabian Society and Arena publications, 2001.

20. Richard Freeman, Labor Market Around The World, NBER Working Paper, 2007, No. W13242.

21. Reinhard Bendix. , 1969. Nation – Building and Citizenship: Studies of Our Changing Social Order. New York: Anchor Books.

22. Sidney and Beatrice Webb, Industrial Democracy (1897), Longmans, Green, and Co. : 39 Paternoster Row, London, 1920.

23. Sidney and Beatrice Webb, Problems of Modern Industry (1898), Longmans, Green, and Co. : 39 Paternoster Row, London, 1920.

24. Theodore W Schultz. " Investing in Poor People: An

Economist's View", American Economic Review 40, May 1965.

25. Thomas Piketty, Capital in the Twenty – First Century, The Belknap Press, 2014.

二、中文参考文献

26. 阿玛蒂亚·森. 评估不平等和贫困的概念性挑战. 经济学季刊, 2003 (2)

27. 阿玛蒂亚·森. 论经济不平等: 平等之再考察, 王利文、于占杰译. 北京: 社会科学文献出版社, 2006

28. 阿玛蒂亚·森、伯纳德·威廉姆斯主编. 超越功利主义, 梁捷等译. 上海: 复旦大学出版社, 2011

29. 阿玛蒂亚·森、贝纳多·科里克斯伯格. 以人为本: 全球化世界的发展伦理学, 马春文等译. 吉林: 长春出版社, 2012

30. 阿比吉特·班纳吉、艾丝特·杜芙若. 穷人经济学, 许雅淑、李宗义译. 中国台湾: 群学出版社, 2016

31. 安东尼·吉登斯. 第三条道路: 社会民主主义的复兴, 郑戈译. 北京: 北京大学出版社, 2000

32. 安东尼·吉登斯. 超越左与右——激进政治的未来, 李惠斌、杨雪冬译. 北京: 社会科学文献出版社, 2000

33. 奥利弗·威廉姆森. 资本主义经济制度: 论企业签约与市场签约, 段毅才、王伟译. 北京: 商务印书馆, 2000

34. 埃里克·赖特．后工业社会中的阶级，陈心想等译．沈阳：辽宁教育出版社，2004

35. 埃米尔·涂尔干．社会分工论，渠东译．上海：上海三联书店，2000

36. 艾伦·伍德主编．民主反对资本主义——重建历史唯物主义，吕薇洲、许健康译．重庆：重庆出版社，2007

37. 布里森登．世界产业工会——美国工团主义研究，聂崇信、朱秀贤译．北京：商务印书馆，1987

38. 彼得森、阿维森．道德经济：后危机时代的价值重塑，刘宝成译．北京：中信出版社，2014

39. 彼得·德鲁克．新社会，石晓军等译．北京：机械工业出版社，2006

40. 彼得·德鲁克．管理的前沿，许斌译．北京：企业管理出版社，1988

41. 保罗·皮尔逊．福利制度的政治学，汪淳波、苗正民译．北京：商务印书馆，2004

42. 伯利、米恩斯．现代公司与私有财产，甘华鸣、罗锐韧、蔡如海译．北京：商务印书馆，2005

43. 伯恩施坦．伯恩施坦文集，殷叙彝编．北京：人民出版社，2008

44. 巴德．劳动关系：寻求平衡，于桂兰等译．北京：机械

工业出版社，2013

45. 波林、布伦纳、威克斯—利姆、卢斯．衡量公平：生存工资与最低工资经济学——美国经验，孙劲悦译．辽宁：东北财经大学出版社，2012

46. 陈峰．罢工潮和工人集体权利的建构．中国香港：二十一世纪，1990（2）

47. 常凯主编．劳动关系、劳动者、劳权．北京：中国劳动出版社，1995

48. 常凯主编．劳动关系学．北京：中国劳动社会保障出版社，2005

49. 常凯主编．中国劳动关系报告——当代中国劳动关系的特点和趋势．北京：中国劳动社会保障出版社，2009

50. 迟福林主编．中国职工持股规范运作与制度设计．北京：中国经济出版社，2001

51. 德里克·博斯沃斯等著．劳动市场经济学，何璋、张晚丽译．北京：中国经济出版社，2003

52. 丹尼斯·米都斯等著．增长的极限——罗马俱乐部关于人类困境的报告，李宝恒译．长春：吉林人民出版社，1997

53. 丹尼尔·雷恩．管理思想的演变，李柱流等译．北京：中国社会科学出版社，1997

54. 丹尼尔·奎因·米尔斯．劳工关系，李丽林、李俊霞

等译．北京：机械工业出版社，2000

55. 戴维·格伦斯基编．社会分层（第 2 版），王俊等译．北京：华夏出版社，2006

56. 弗兰克·奈特．风险、不确定性与利润，安佳译．北京：商务印书馆，2006

57. 弗兰西斯·福山．信任——社会道德与繁荣的创造，李宛蓉译．呼和浩特：远方出版社，1998

58. 冯同庆．中国工人的命运——工会民主选举与工人公民权利的衍生．北京：中国社会科学出版社，2009

59. 冯同庆主编．劳动关系理论．北京：中国劳动社会保障出版社，2009

60. 冯同庆主编．中国经验：转型社会的企业治理与职工民主参与．北京：社会科学文献出版社，2005

61. 郭金龙、李翠玲主编．聚焦：劳动价值论在中国理论界．北京：中国经济出版社，2003

62. 塞普吉·博伊尔、罗伯特·史密斯．劳动经济学中新古典传统的发展，赵建译．经济资料译丛，2012（3）

63. 盖多·卡拉布雷西、菲利普·伯比特．悲剧性选择：对稀缺物资进行悲剧性分配时社会所遭遇到的冲突，徐品飞等译．北京：北京大学出版社，2005

64. 戈斯塔·艾斯平－安德森编．转型中的福利国家，杨

刚译．北京：商务印书馆，2010

65. 冈纳·缪尔达尔．亚洲的戏剧：南亚国家贫困问题研究，万福前译．北京：商务印书馆，2015

66. 哈罗德·莱维特．管理心理学，余凯成等译．山西：山西经济出版社，1991

67. 哈罗德·孔茨、海因茨·韦里克．管理学，郝国华等译．北京：经济科学出版社，1993

68. 哈罗德·德姆塞茨．所有权、控制与企业——论经济活动的组织，段毅才译．北京：经济科学出版社，1999

69. 哈拉尔．新资本主义，冯韵文等译．北京：社会科学文献出版社，1999

70. 黄越钦．劳动法论．中国台湾：台湾政治大学劳工研究所，1994

71. 亨利·明茨伯格．管理工作的本质，方海萍译．北京：中国人民大学出版社，2007

72. 何秉梦主编．劳动价值论新论．北京：社会科学文献出版社，2003

73. 汉克·托马斯、克里斯·劳甘．蒙德拉贡——对现代工人合作制的经济分析．上海：上海三联书店，1991

74. 胡靖春．美国劳动经济学研究两大流派述评．哈尔滨商业大学学报，2010（6）

75. 加里·海尔．以人为本：管理大师麦克雷戈论管理中的人性，王继平译．海口：海南出版社，2003

76. 加里·贝克尔．人力资本理论，郭虹等译．北京：中信出版社，2007

77. 加里·贝克尔．人类行为的经济分析，王业宇、陈琪译．上海：上海人民出版社，1995

78. 加尔布雷思．新工业国，嵇飞译．上海：上海人民出版社，2012

79. 加尔布雷思．经济学与公共目标，于海生译．北京：华夏出版社，2010

80. 姜奇平、王俊秀．知本家风暴．北京：中国友谊出版公司，1999

81. 今井贤一、小宫隆太郎主编．现代人本企业制度，陈晋等译．北京：经济科学出版社，1995

82. 基思·怀特菲尔德等编．产业关系研究方法，程延园等译．北京：中国劳动社会保障出版社，2005

83. 凯恩斯．就业、利息和货币通论，高鸿业译．北京：商务印书馆，1957

84. 克劳斯·格林．联邦德国的社会市场经济，冯文光、裘挹红译．北京：中央编译出版社，1994

85. 克劳德·小乔治．管理思想史，孙耀君译．北京：商

务印书馆，1985

86. 克鲁泡特金．互助论，李平沤译．北京：商务印书馆，1984

87. 克罗斯曼等著．新费边论文集，何声辑述．中国台湾：台湾新启蒙出版社，1953

88. 克里斯托弗·皮尔森．新市场社会主义——对社会主义命运和前途的探索，姜辉译．北京：东方出版社，1999

89. 科塞．社会冲突的功能，孙立平等译．北京：华夏出版社，1989

90. 卡茨、科钱、科尔文．集体谈判与产业关系概论，李丽林、吴清军译．大连：东北财经大学出版社，2010

91. 康芒斯：制度经济学（上下册），北京：商务印书馆，1962

92. 李嘉图．政治经济学及赋税之原理，郭大力、王亚南译．北京：中华书局，1949；北京：商务印书馆，1962

93. 李维斯、桑希尔、桑德斯．雇员关系：解析雇佣关系，高嘉勇等译．大连：东北财经大学出版社，2005

94. 李德顺．价值论．北京：中国人民大学出版社，2007

95. 李惠斌．企业劳动产权概论．北京：中央编译出版社，2006

96. 李惠斌、李朝晖主编．后资本主义．北京：中央编译

出版社，2007

97. 李建民．人力资本通论．上海：上海三联书店，1999

98. 李春玲．断裂与碎片：当代中国社会阶层分化实证分析．北京：社会科学文献出版社，2005

99. 李培林等著．社会冲突与阶级意识：当代中国社会矛盾问题研究．北京：社会科学文献出版社，2005

100. 李青宜．“西方马克思主义”的当代资本主义理论．重庆：重庆出版社，1990

101. 卢映西．经济学革命：从稀缺性假设到双约束假设——由贫困问题引入的新视角．外国经济学说与中国研究报告，2015（9）

102. 卢现祥等．有利于穷人的制度经济学．北京：社会科学文献出版社，2010

103. 陆学艺主编．当代中国社会阶层研究报告．北京：社会科学文献出版社，2002

104. 卢雪琴、张旭昆．工会和集体谈判对就业、工资的影响研究综述．首都经济贸易大学学报，2001（2）

105. 黎珍．争议与和谐——政治哲学视野中的社会资本．北京：人民出版社，2008

106. 洛克．政府论（上下篇），叶启芳、瞿菊农译．北京：商务印书馆，1964

107. 鲁品越．资本逻辑与当代现实——经济发展观的哲学沉思．上海：上海财经大学出版社，2006

108. 鲁塞弗尔、达特等主编．欧洲劳资关系——传统与转变，佘云霞等译．北京：世界知识出版社，2000

109. 理查德·海曼．劳资关系：一种马克思主义的分析框架，黑启明译．北京：中国劳动社会保障出版社，2008

110. 罗纳德·伊兰伯格、罗伯特·史密斯．现代劳动经济学．北京：中国人民大学出版社，2007

111. 马克思、恩格斯．马克思恩格斯全集．第 2、3、4、16、19、20、23、25、42、46 卷．北京：人民出版社，1960—1979；马克思、恩格斯．马克思恩格斯选集．（第 1—4 卷）．北京：人民出版社，1995

112. 马克·图尔、沃伦·塞缪尔斯主编．作为一个权力体系的经济，张荐华、邓铭译．北京：商务印书馆，2012

113. 马可·弗勒拜伊．经济正义论，肖江波等译．北京：中国人民大学出版社，2016

114. 马歇尔．经济学原理（上下卷），朱志泰译．北京：商务印书馆，1964

115. 马丁·威茨曼．分享经济，林青松等译．北京：中国经济出版社，1986

116. 麦克沙恩、格里诺．组织行为学，井润田等译．北京：

机械工业出版社，2007

117. 迈克尔·格伯．管理新思维，张波译．北京：中信出版社，2007

118. 米夏埃尔·施奈德．德国工会简史，张世鹏等译．北京：中国工人出版社，1992

119. 玛格丽特·柯尔．费边社史，杜安夏、杜小敬等译．北京：商务印书馆，1984

120. 门格尔．国民经济学原理，刘敖译．北京：商务印书馆，1958

121. 曼瑟尔·奥尔森．集体行动的逻辑，陈郁等译．上海：上海人民出版社，1995

122. 摩尔根．劳动经济学，杨炳章，陈锡龄，曹贞敏等译．北京：中国工人出版社，1984

123. 米尔斯．劳工关系，李丽林等译．北京：机械工业出版社，2000

124. 诺曼·巴里．福利，储建国译．长春：吉林人民出版社，2005

125. 欧文．欧文选集（上下卷），柯象峰等译．北京：商务印书馆，1965

126. 帕森斯．社会行动的结构，张明德等译．南京：译林出版社，2003

127. 庞巴维克．资本实证论，陈端译．北京：商务印书馆，1964

128. 皮埃尔·卡赫克、安德烈·齐尔贝尔博格．劳动经济学（2001），沈文恺译．上海：上海财经大学出版社，2007

129. 青木昌彦、钱颖一主编．转轨经济中的公司治理结构．北京：中国经济出版社，1995

130. 钱德勒．看得见的手——美国企业的管理革命，重武译．北京：商务印书馆，1994

131. 钱宁．社会正义、公民权利和集体主义——论社会福利的政治与道德基础．北京：社会科学文献出版社，2007

132. 萨伊．政治经济学概论，陈福生、陈振骅译．北京：商务印书馆，1963

133. 让·德雷兹、阿玛蒂亚·森．饥饿与公共行为，苏蕾译．北京：社会科学文献出版社，2006

134. 孙立平．断裂：20 世纪 90 年代以来的中国社会．北京：社会科学文献出版社，2003

135. 孙立平．失衡：断裂社会的运作逻辑．北京：社会科学文献出版社，2004

136. 孙立平．博弈：断裂社会的利益冲突与和谐．北京：社会科学文献出版社，2006

137. 孙中范、桉苗、冯同庆主编．向社会主义市场经济转

变时期的工会理论纲要与述评．北京：人民出版社，1997

138. 孙中范、冯同庆、常凯主编．新编工会学．北京：人民出版社，2001

139. 桑巴特．为什么美国没有资本主义，赖海榕译．北京：社会科学文献出版社，2003

140. 斯蒂芬·芒泽．财产理论，彭诚信译．北京：北京大学出版社，2007

141. 斯韦托扎尔·平乔维奇．产权经济学——一种关于比较体制的理论，蒋林琦译．北京：经济科学出版社，1999

142. 林燕玲．国际劳工标准与中国劳动法比较研究．北京：中国工人出版社，2015

143. 佘云霞．国际劳工标准：演变与争议．北京：社会科学文献出版社，2006

144. 沈原．市场、阶级与社会——转型社会学的关键议题．北京：社会科学文献出版社，2007

145. 史志钦．全球化与欧洲社会民主党的转型．北京：中央编译出版社，2007

146. 舒尔茨．论人力资本投资．吴珠华等译．北京：北京经济学院出版社，1992

147. 舒马赫．小的是美好的．李华夏译．南京：译林出版社，2007

148. 托马斯・寇肯等著．美国产业关系的转型，朱飞、王侃译．北京：中国劳动社会保障出版社，2008

149. 汤普森．英国工人阶级的形成（上、下），钱乘旦等译．南京：译林出版社，2001

150. 沃依切赫・盖乌任斯基．波兰团结工会成立记，兰一、陈成译．北京：外语教学与研究出版社，1982

151. 韦伯夫妇．英国工会运动史，陈建民译．北京：商务印书馆，1959

152. 威廉・Z. 福斯特．论美国工会运动，王仲英等译．重庆：五十年代出版社，1953

153. 威廉・大内・Z. 理论——美国企业界怎样迎接日本的挑战，孙耀君译．北京：中国社会科学出版社，1984

154. 汪丁丁．新政治经济学讲义：在中国思索正义、效率与公共选择．上海：上海人民出版社，2013

155. 瓦奈克．工人管理的经济：南斯拉夫情况剖析．上海：上海译文出版社，1982

156. 王珏、李涛．劳动力资本论——国企改革出路探析．北京：中共中央党校出版社，1999

157. 伍美云、杨河清．劳动经济学研究范式的演变．首都经济贸易大学学报，2015（5）

158. 翁天真等．利润分享与劳动分红．北京：中国劳动出

版社，1995

159. 汪行福．分配正义与社会保障．上海：上海财经大学出版社，2002

160. 西斯蒙第．政治经济学新原理，何钦译．北京：商务印书馆，1977

161. 肖伯纳主编．费边论丛，袁绩藩等译．上海：三联书店，1958

162. 徐小洪．冲突与协调——当代中国私营企业的劳资关系研究．北京：中国劳动社会保障出版社，2004

163. 信卫平．公平与不平——当代中国的劳动收入问题研究．北京：中国劳动社会保障出版社，2002

164. 于桂兰、于楠．工会制度与工人权利：基于产权经济学的分析．吉林大学社会科学学报，2008（5）

165. 于桂兰、郑秀芝．工人权利受损原因的产权经济学分析．制度经济学研究，2010（3）

166. 尤努斯．穷人的银行家，吴士宏译．上海：三联书店，2015

167. 尤努斯．普惠制金融改变世界：应对贫困、失业、和环境恶化的经济学，陈文等译．北京：机械工业出版社，2018

168. 伊曼努尔·华勒斯坦．历史资本主义，路爱国、丁浩金译．北京：社会科学文献出版社，1999

169. 亚当·斯密．国富论，郭大力、王亚南译．北京：商务印书馆，1972

170. 约翰·罗尔斯．正义论，何怀宏等译．北京：中国社会科学出版社，1988

171. 约翰·巴德．人性化的雇佣关系——效率、公平与发言权之间的平衡．解格先、马振英译．北京：北京大学出版社，2007

172. 约瑟夫·熊彼特．资本主义、社会主义与民主，吴良健译．北京：商务印书馆，1999

173. 约翰·基恩．公共生活与晚期资本主义，马音等译．北京：社会科学文献出版社，1999

174. 约翰·穆勒．政治经济学原理及其在社会哲学上的若干应用（上下卷），赵荣潜、桑炳彦、朱泱、胡企林译．北京：商务印书馆，1991

175. 姚先国主编．劳动力产权与劳动力市场．杭州：浙江大学出版社，2006

176. 袁渠伦主编．劳动经济学．大连：东北财经大学出版社，2014

177. 杨伟国主编．劳动经济学．大连：东北财经大学出版社，2013

178. 杨雪冬、薛晓源主编．“第三条道路”与新的理论．

北京：社会科学文献出版社，2000

179. 杨河清主编．劳动经济学．北京：中国人民大学出版社，2006

180. 雅各布·明塞尔．人力资本研究，张凤林译．北京：中国经济出版社，2001

181. 中挪工会合作项目编译．挪威工会工作．北京：中国工人出版社，2002

182. 张文贤．人力资本．四川：四川人民出版社，2008

183. 张金英．劳动经济学理论范式及其演进过程．山东财政学院学报，2009（5）

184. 张新生等．试析“经济人”假说的边界问题．江西社会科学，2007（9）

185. 朱必祥．人力资本与新型企业产权制度．北京：中国经济出版社，2007

186. 詹明信．晚期资本主义的文化逻辑，张旭东译．上海：三联书店，1997

187. 詹姆斯·布坎南．财产与自由，韩旭译．北京：中国社会科学出版社，2002

188. 詹姆斯·布坎南、戈登·塔洛克．同意的计算——立宪民主的逻辑基础，陈光金译．北京：中国社会科学出版社，2000

189. 詹姆斯·米德．效率、公平与产权，施仁译．北京：北京经济学院出版社，1992

190. 詹姆斯·斯科特．农民的道义经济学：东南亚的反叛与生存，程立显译．南京：译林出版社，2013

191. 詹姆斯·斯科特．弱者的武器，郑广怀等译．南京：译林出版社，2011

192. 郑功成．社会保障学．北京：商务印书馆，2000

图书在版编目（CIP）数据

工人经济学：对劳动力价值的新发现 / 叶迎著. —北京：中国工人出版社，2019.9

ISBN 978-7-5008-7260-3

Ⅰ. ①工…　Ⅱ. ①叶…　Ⅲ. ①劳动经济学－研究　Ⅳ. ①F240

中国版本图书馆CIP数据核字（2019）第196777号

工人经济学：对劳动力价值的新发现

出 版 人　王娇萍
责任编辑　罗荣波
责任印制　栾征宇
出版发行　中国工人出版社
地　　址　北京市东城区鼓楼外大街45号　邮编：100120
网　　址　http://www.wp-china.com
电　　话　（010）62005043（总编室）
（010）62005039（印制管理中心）
（010）82075935（工会与劳动关系分社）
发行热线　（010）62033018　62004002　62005996
（010）82081553（传真）
经　　销　各地书店
印　　制　三河市万龙印装有限公司
开　　本　880 毫米 × 1230 毫米　1/32
印　　张　9.875
字　　数　180 千字
版　　次　2019年10月第1版　2021年4月第2次印刷
定　　价　48.00 元